D1752721

Theo Wershoven

Fleisch- und Aufschnittplatten
– meisterhaft präsentiert

Theo Wershoven

Fleisch- und Aufschnittplatten – meisterhaft präsentiert

DEUTSCHER FACHVERLAG

Die Deutsche Bibliothek – CIP-Einheitsaufnahme
Fleisch- und Aufschnittplatten – meisterhaft präsentiert / Theo Wershoven. [Fotos: art TECH]. – Frankfurt am Main : Dt. Fachverl., 1992
ISBN 3-87150-391-6
NE: Wershoven, Theo; art TECH TV Production GmbH <Wiesbaden>

Anmerkung:
Die Angaben über die verwendeten Materialien und Garnituren beruhen im wesentlichen auf den Produktbeschreibungen der Teilnehmer am Internationalen Plattenwettbewerb 1992. Für ihre Richtigkeit kann keine Gewähr übernommen werden.

© 1992 by Deutscher Fachverlag GmbH, Frankfurt am Main
Alle Rechte vorbehalten. Nachdruck, auch auszugsweise, nur mit Genehmigung des Verlages.
Text und Zusammenstellung:
Theo Wershoven, Hauptgeschäftsführer des Deutschen Fleischer-Verbandes
Umschlag: Art + Work, Frankfurt am Main
Fotos: art TECH, Wiesbaden
Druck + Bindung: Druckerei Uhl, Radolfzell

Vorwort

In diesem Buch sind 98 Fleisch-, Grill-, Braten-, Schinken- und Aufschnittplatten abgebildet – von rustikal bis festlich, kunstvoll und meisterlich dekoriert, die meisten brillant, präzise und perfekt in der Ausführung. Die Platten wurden im Rahmen der Internationalen Fleischwirtschaftlichen Fachmesse (IFFA 92) präsentiert. Sie spiegeln den aktuellen Stand attraktiver Gestaltungskonzeptionen mit vielfältigen und einfallsreichen Dekorationen und Garnierungen wider – so wie sie vom Platten- und Party-Service fortschrittlicher Fleischer-Fachgeschäfte erwartet werden. Gewiß nicht alle Präsentationen sind Meisterwerke; sie wurden dennoch in dieses Fachbuch mit aufgenommen, um Vergleichsmöglichkeiten zu bieten und die Unterschiede in der Bewertung zu verdeutlichen. So werden in der Kommentierung zu den Platten die kritischen Hinweise und Anregungen der Jury mitberücksichtigt, so daß sich künftige Wettbewerbsteilnehmer auch ein Bild davon machen können, was auf sie zukommt, d.h. welche Anforderungen an ihr Können bei internationalen Wettbewerben gestellt werden. Die Bewertungskriterien, an denen sich die Juroren orientieren und die im Einzelfall noch ergänzt und konkretisiert werden können, sind im Anhang als Muster abgedruckt.

Neu ist bei dieser Auflage: Die Siegerin des 15. Internationalen Plattenwettbewerbs des Deutschen Fleischer-Verbandes anläßlich der IFFA 92, Frau Helga Orschler aus Aschaffenburg, gibt zusätzlich eine Kostprobe ihres kreativen Leistungsvermögens beim Legen von Fleisch- und Aufschnittplatten. Die 28 hervorragend gestalteten Präsentationen stellen eine interessante Bereicherung dieses Fachbuches dar.

Es enthält eine Fülle von Ideen, Konzeptionen, Legetechniken und besondere Hinweise zur optimalen Plattengestaltung und wird deshalb eine praktische Hilfe bei der Beratung von Kunden und bei der Herstellung von attraktiven Platten für den Platten- und Party-Service sein.

Theo Wershoven

Eine Bratenpräsentation, die durch ihre Schlichtheit besticht, aber in ihrem Gesamteindruck letztendlich etwas zu farblos wirkt. Auch stimmt das Verhältnis der Ware zur Platte nicht. Hinzu kommen kleine Materialfehler, so daß die Platte mit einer Bronzemedaille sicherlich gut bedient war. Als Schauplatte für ein kaltes Buffet – so war sie vom Einsender ausgezeichnet – kann sie keine überaus große Begeisterung hervorrufen. Das gilt umso mehr, als hier der für eine Schauplatte notwendige Schaueffekt fehlt. Sie besteht ausschließlich aus Schweinebraten und ist mit Mandarinen und Kirschen dekoriert. Gekonnt wirken die mit Kirschenhälften besetzten Birnenhälften.

Festliche Bratenplatte

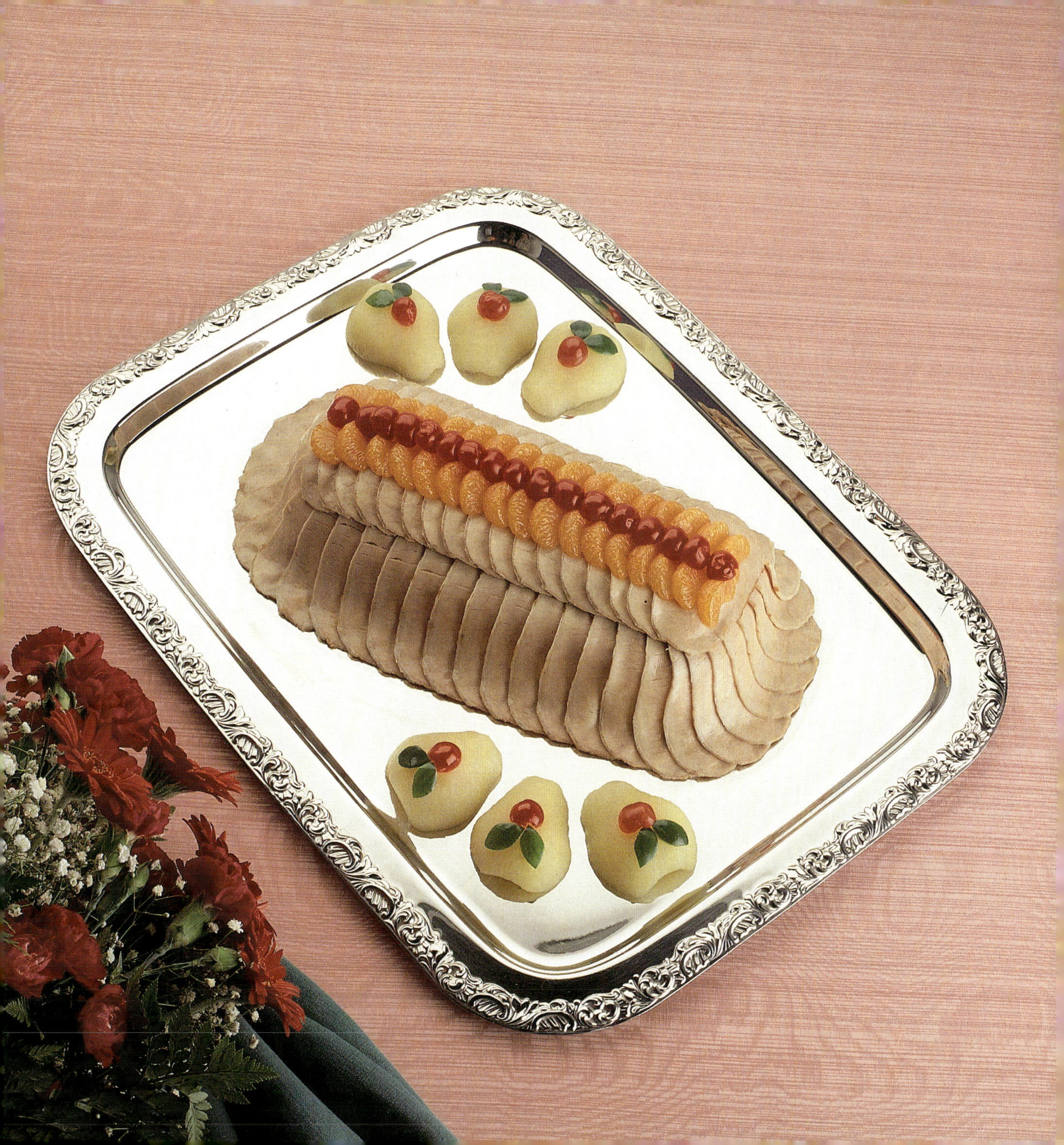

Mit einer Bronzemedaille wurde diese Schinkenplatte, bestehend aus 64 Scheiben Spießbraten, 46 Scheiben Rindersaftbraten und 24 Scheiben Kasseler, ausgezeichnet. Als Mangel wurde die unexakte Linienführung im Plattenzentrum registriert. Darüber hinaus ist die Platte nicht ausreichend belegt. Die Dekoration aus blauen Weintrauben, aufgeschnittenen Erdbeerhälften und Melonenkugeln mit Blattpetersilie unterlegt wurde als zu einfach und im Verhältnis zur angebotenen Ware als übergarniert bewertet.

Festliche Schinken-Bratenplatte

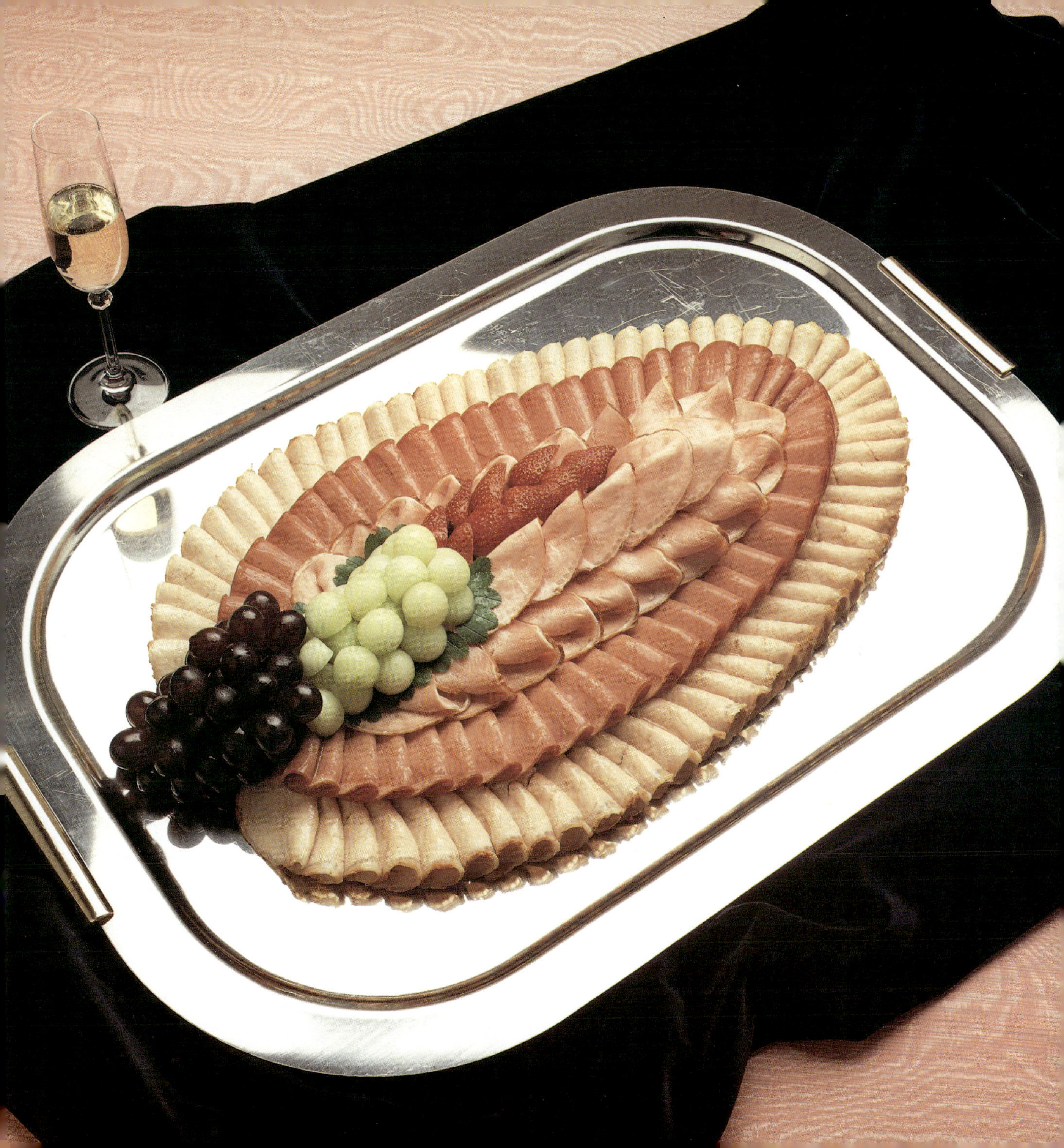

Diese Bratenplatte, mit 65 Scheiben zu einseitig in der Materialpräsentation und einer Gemüsedekoration, bestehend aus 5 Tomaten-Rosen, 2 Artischockenböden mit Rosenkohl gefüllt sowie Maiskölbchen, fand nicht den Beifall der internationalen Jury. Unexakte Dekoration und zuviel Aspik waren weitere Mängel, die Punktabzüge bedingten und daher eine besondere Auszeichnung nicht zuließen.

Festliche Bratenplatte

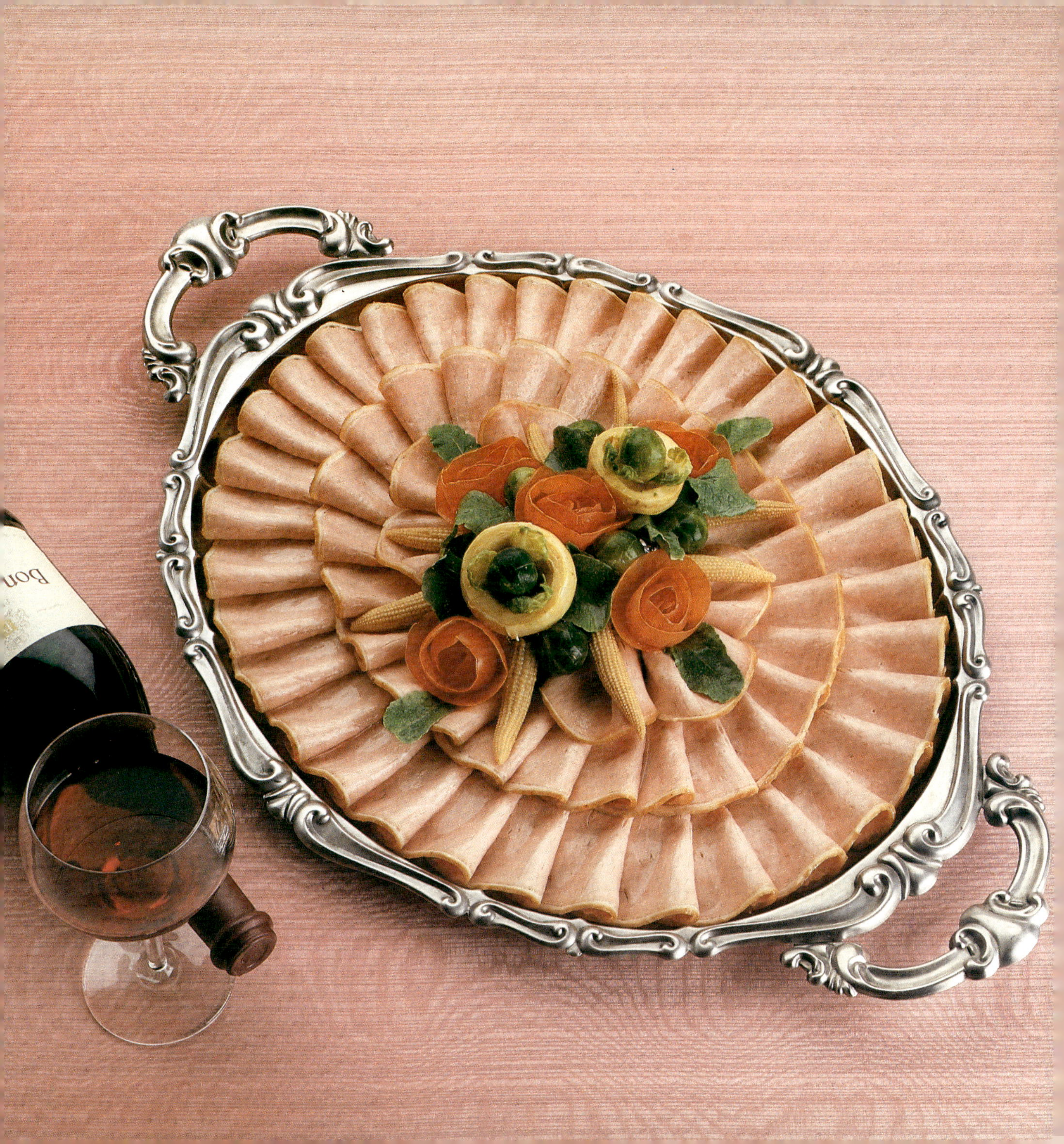
Bon

Eine Bronzemedaille erhielt diese sehr geschmackvolle Bratenplatte. Eindrucksvoll das Apfelfächerarrangement als Dekorationsmittelpunkt. Es wurde im Verhältnis zur angebotenen Ware und auch unter Berücksichtigung der Größe der Platte als übergarniert empfunden. Materialfehler bei der Zunge, beim Roastbeef und auch beim Braten bedingten größere Punktabzüge, so daß eine bessere Bewertung für diese Präsentation nicht möglich war. Belegt wurde die Platte mit 25 Scheiben Kasseler, 18 Scheiben Roastbeef, 21 Scheiben Tiroler Rauchfleisch, 6 Scheiben Kaiserfleisch, 21 Scheiben Schweinebraten, 21 Scheiben Hühnerroulade, 15 Scheiben Zunge und 10 Scheiben Schweinefilet in Blätterteig.

Festliche Bratenplatte

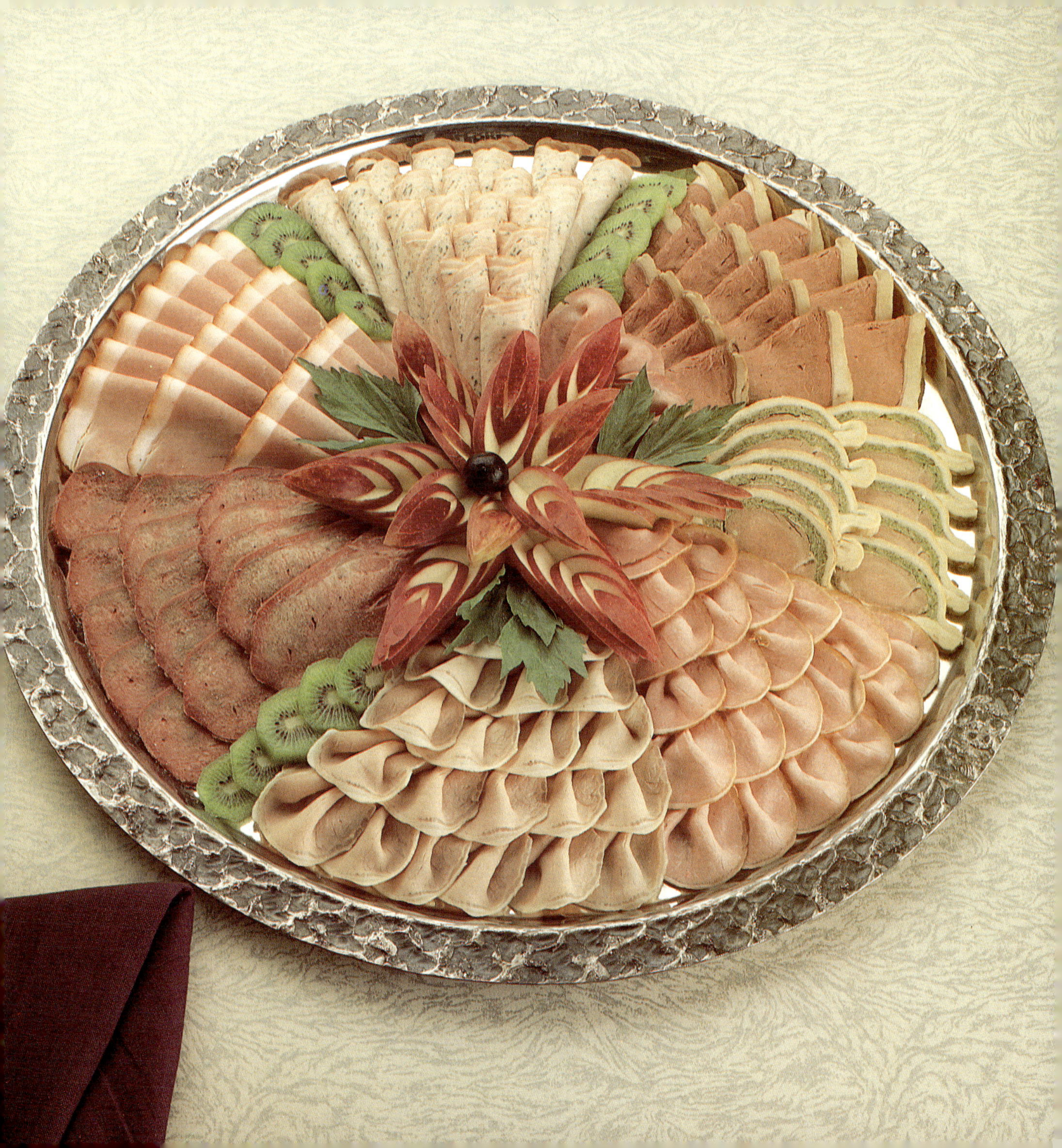

Eine auf den ersten Blick sehr schöne Bratenplatte, die von der Jury aber als zu überladen, zu übergarniert, nicht exakt in der Ausführung und im Gesamteindruck zu unruhig beurteilt wurde. Sie erhielt wegen dieser Mängel erhebliche Punktabzüge und deshalb keine Medaille, eine ohne Zweifel strenge Bewertung. Die Platte wurde belegt mit 15 Scheiben Roastbeef, 33 Scheiben Kräuterbraten, 13 Scheiben Aprikosenbraten, 31 Scheiben Kasseler, 24 Scheiben Jägerbraten, 15 Scheiben Schweinebraten und 11 Scheiben Braten aus der Schweinekeule. Besonders dekorativ und interessant ist der Dekorationsmittelpunkt, der aus 5 Melonenspalten, 8 halben Erdbeeren, 6 Babyäpfeln, 5 Cocktailkirschen, 3 Gurkenfächern, 3 Apfelfächern, blauen Weintraubendolden und Pimpernelle besteht.

Festliche Bratenplatte

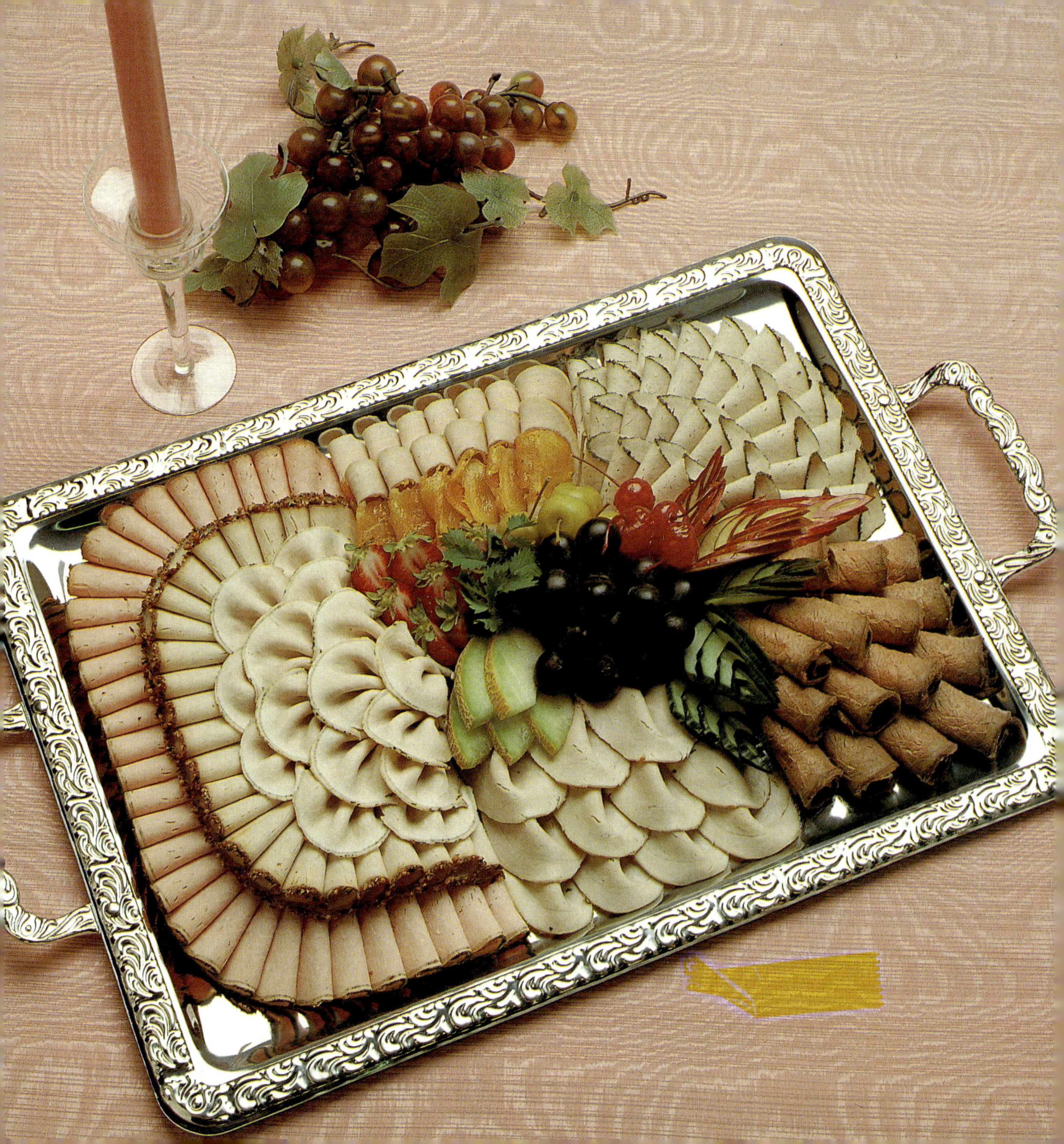

Diese festliche Schinkenplatte wurde aus 24 Scheiben Putenbrust, 15 Schinkenröllchen, 30 Scheiben Gewürzbraten, 34 Scheiben Schweinebraten, 18 Scheiben Lachsschinken und 3 Rosetten aus rohem Schinken hergestellt. Apfelfächer an verschiedenen Stellen der Platte, blaue Weintraubendolden, zum Teil mit Dill garniert, bilden den Dekorationsmittelpunkt. Diese Dekoration ist insgesamt nicht überzeugend, weil die Apfelfächer etwas wahllos im Gesamtarrangement plaziert wurden. Außerdem ist der Plattenfond nicht genügend ausgelegt. Diese Mängel ebenso wie die nicht exakte Legetechnik haben zu Punktabzügen geführt, so daß die Platte eine Bronzemedaille erhielt.

Festliche Schinken-Bratenplatte

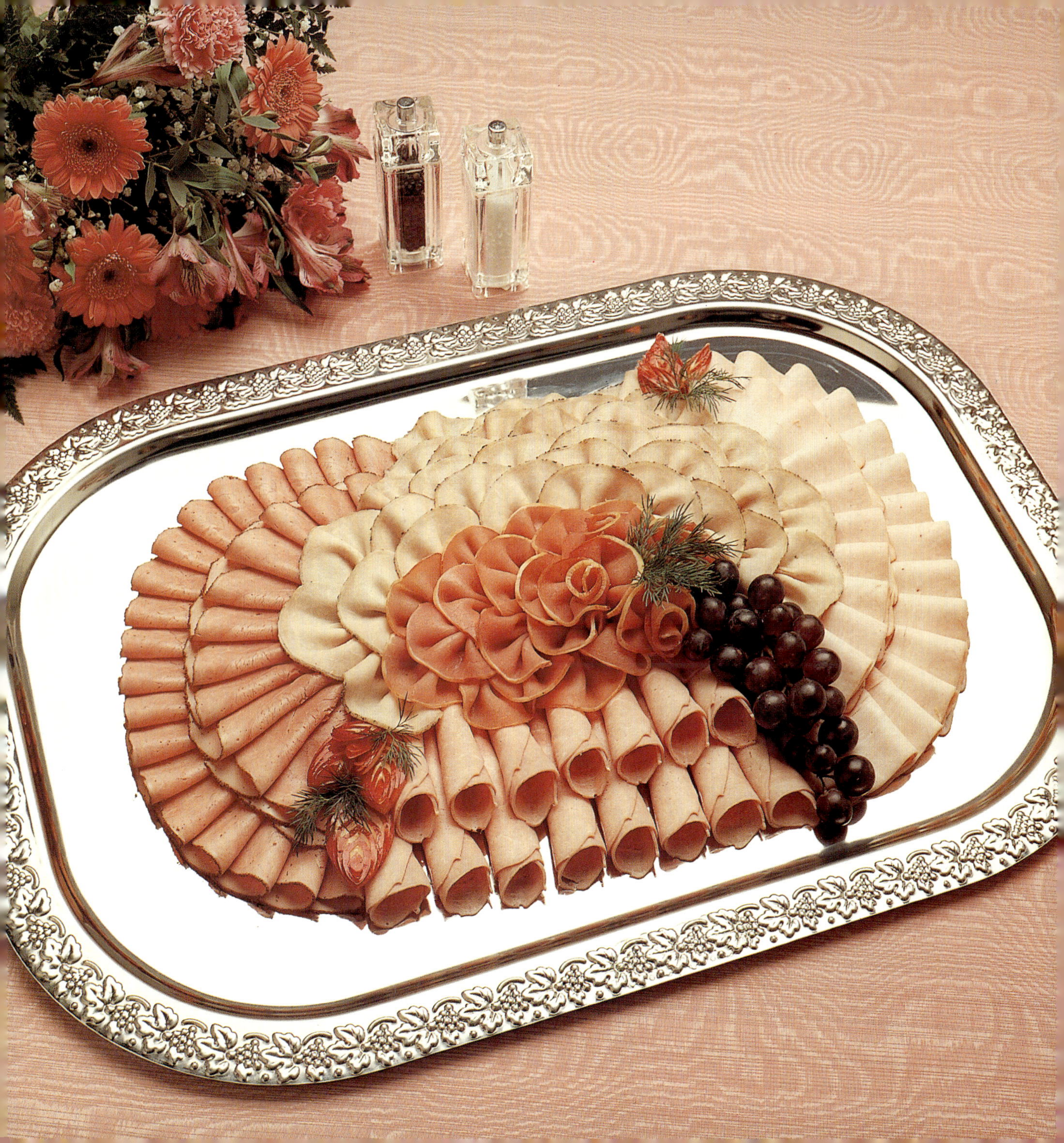

Die wenig ansprechende und farblose Bratenplatte erhielt keine Medaille. Die Dekoration ist teilweise unpassend und ein wenig lieblos und unexakt der Ware zugeordnet. Weitere Punktabzüge gab es dafür, daß die Platte ungenügend ausgelegt ist. Ein nicht ausreichend genutzter Plattenfond erweckt beim Kunden häufig den Eindruck, etwas Halbes, Unvollständiges erhalten zu haben. Als nicht ausreichend wurden ferner die Legetechnik und die Linienführung bei dieser Platte kritisiert. Bescheiden auch die Warenauswahl, bestehend aus ingesamt 57 Scheiben.

Festliche Bratenplatte

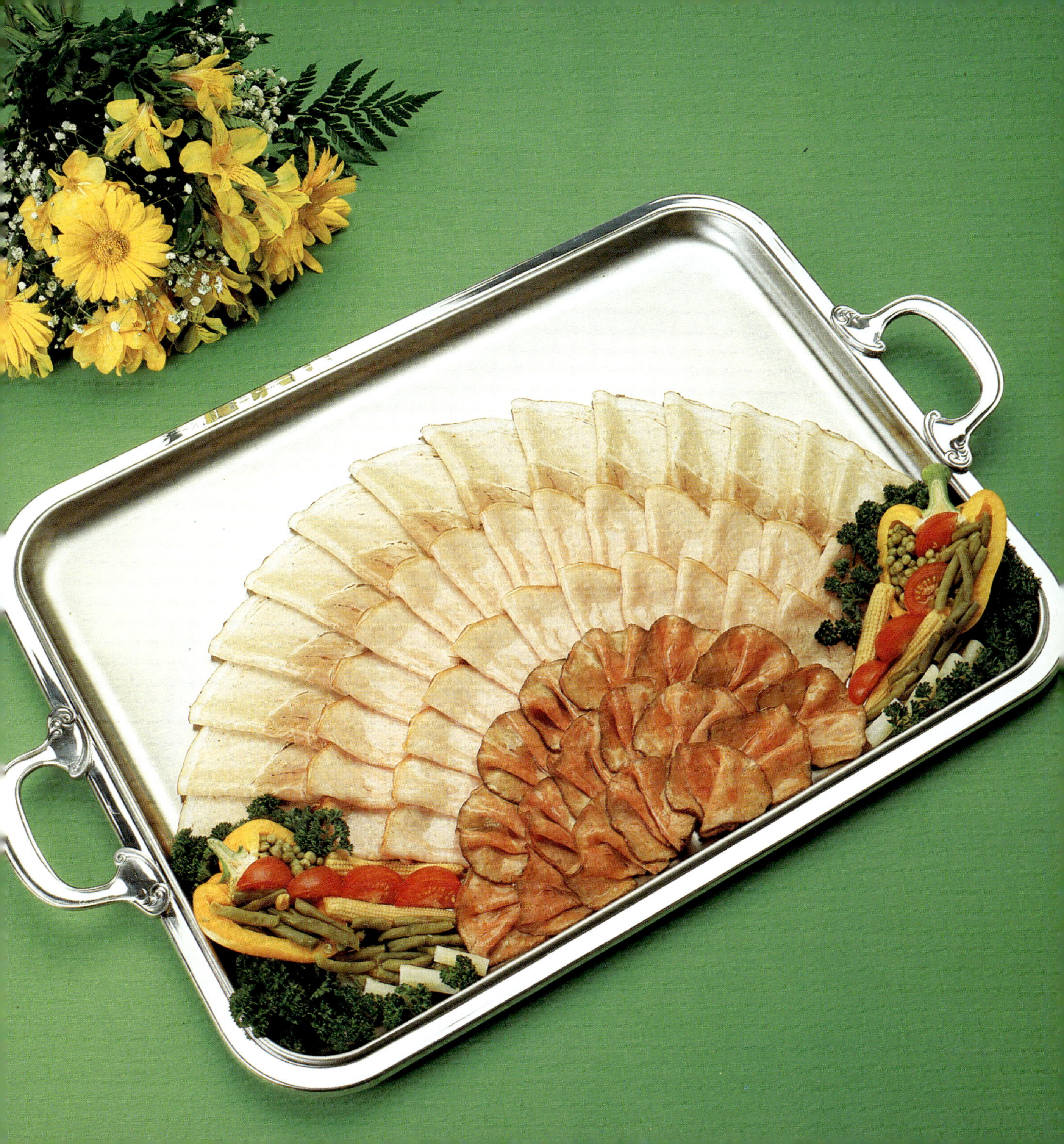

Eine appetitliche Schinkenplatte, die ohne Zweifel jeden Verbraucher anspricht. 14 Scheiben Bauernschinken, 21 Scheiben Kochschinken, 34 Scheiben Lachsschinken und 28 Scheiben Kasseler garniert mit 3 Tomatenblumen mit Wachteleiern besetzt, 3 Apfel- und 3 Gurkenfächer, das Ganze mit Sellerieblättern unterlegt, bilden eine farblich harmonische Komposition. Dieses Arrangement erhielt eine Bronzemedaille, weil die Jury gleichwohl einige kleine Fehler im Material und in der Legetechnik registrierte. Für die präsentierten Materialien hätte sich die Jury außerdem eine größere Platte gewünscht.

Festliche Schinkenplatte

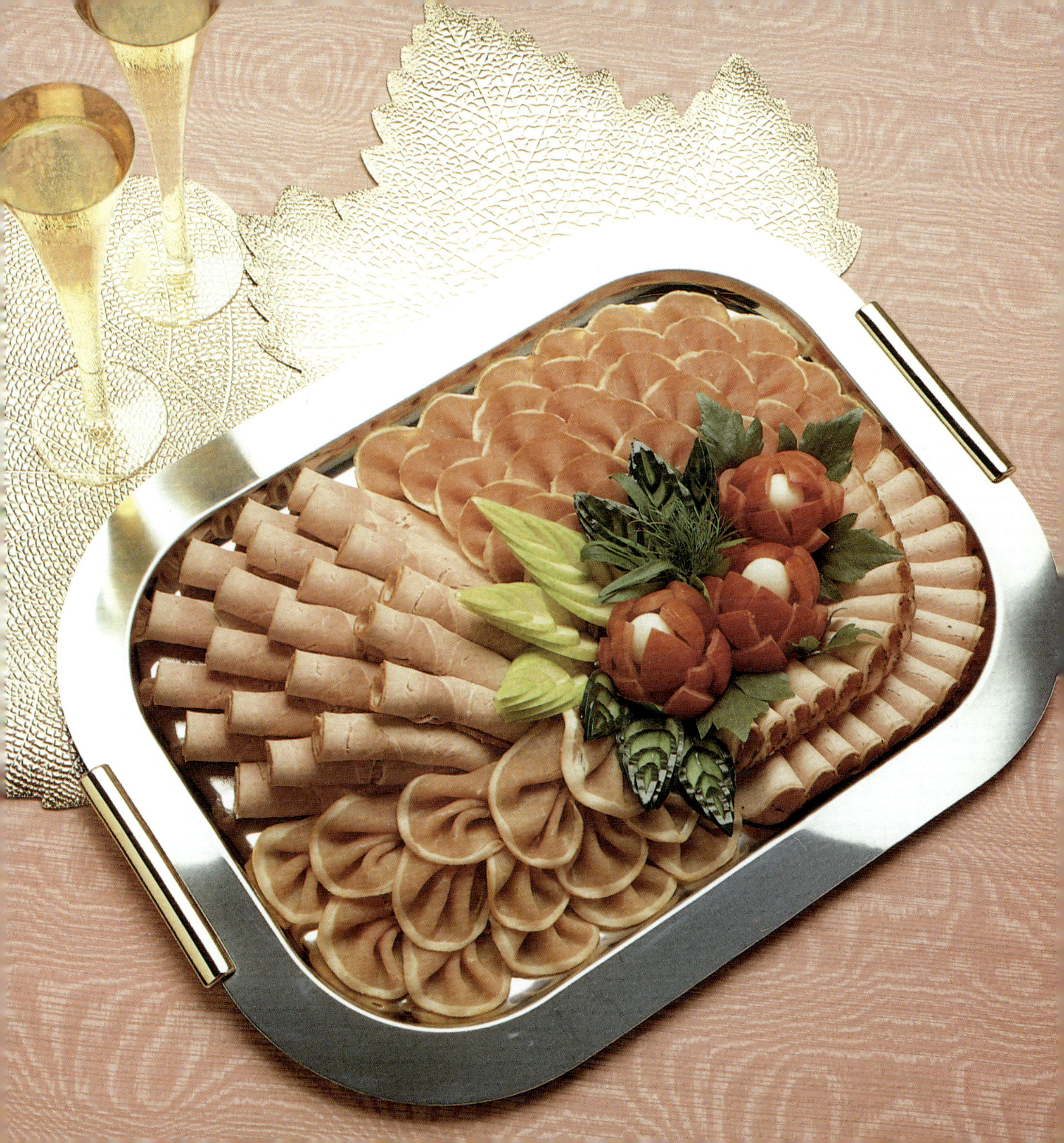

Diese festliche Schinkenplatte blieb ohne Auszeichnung. Insgesamt zuwenig anspruchsvoll in der Präsentation, so lautete das Urteil der internationalen Jury. Außerdem kritisierte sie Mängel in der Linienführung und in der Legetechnik. Das Ganze wurde als nicht ausreichend exakt und zu einfach empfunden. Diese Mängel führten zu erheblichen Punktabzügen, so daß die Platte keinen der vorderen Plätze erzielen konnte. Sie wurde belegt mit 42 Scheiben gekochtem Schinken und weiteren 41 Scheiben rohem Schinken. Diese Platte enthält zwei Dekorationsmittelpunkte jeweils aus blauen Trauben, einer gezackten Kiwi und 2 Feigenhälften sowie 2 Babyäpfeln mit Dill versetzt.

Festliche Schinkenplatte

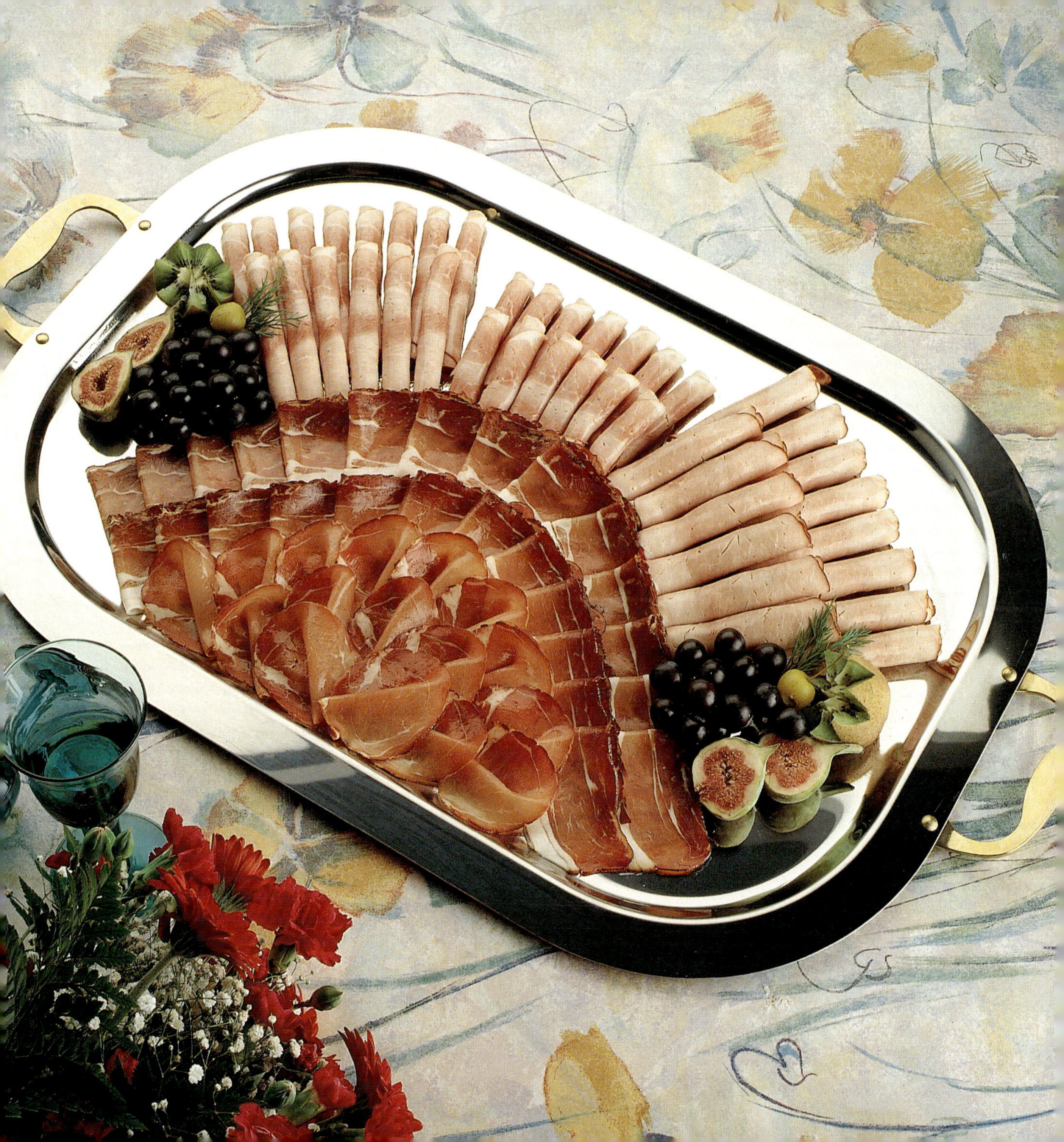

Eine festliche Aufschnittplatte, die mit einer Goldmedaille überaus großzügig bewertet wurde. Sie besteht aus 10 Scheiben Lyoner, 10 Scheiben Rinderbierschinken, 10 Scheiben Nußschinken, 10 Scheiben Schweinerücken, 10 Scheiben Schweinespeck, 10 Scheiben Kräuterkasseler und 16 Scheiben Landschinken. Diese Platte wurde mit Lychees, gefächerten Feigen, 3 Butterrosen – das Ganze mit Blattpetersilie unterlegt – sowie mit Spargel dekoriert. Eine gelungene Dekoration, die mengenmäßig zur präsentierten Ware und zur Angebotsvielfalt paßt. Die Platte besticht durch ihre Schlichtheit in der Präsentation, aber auch durch die sehr geschmackvoll zusammengestellten verschiedenen Schinken- und Wurstsorten. Kritisch anzumerken bleibt, daß der Plattenfond nicht ausreichend genutzt wurde.

Festliche Aufschnittplatte

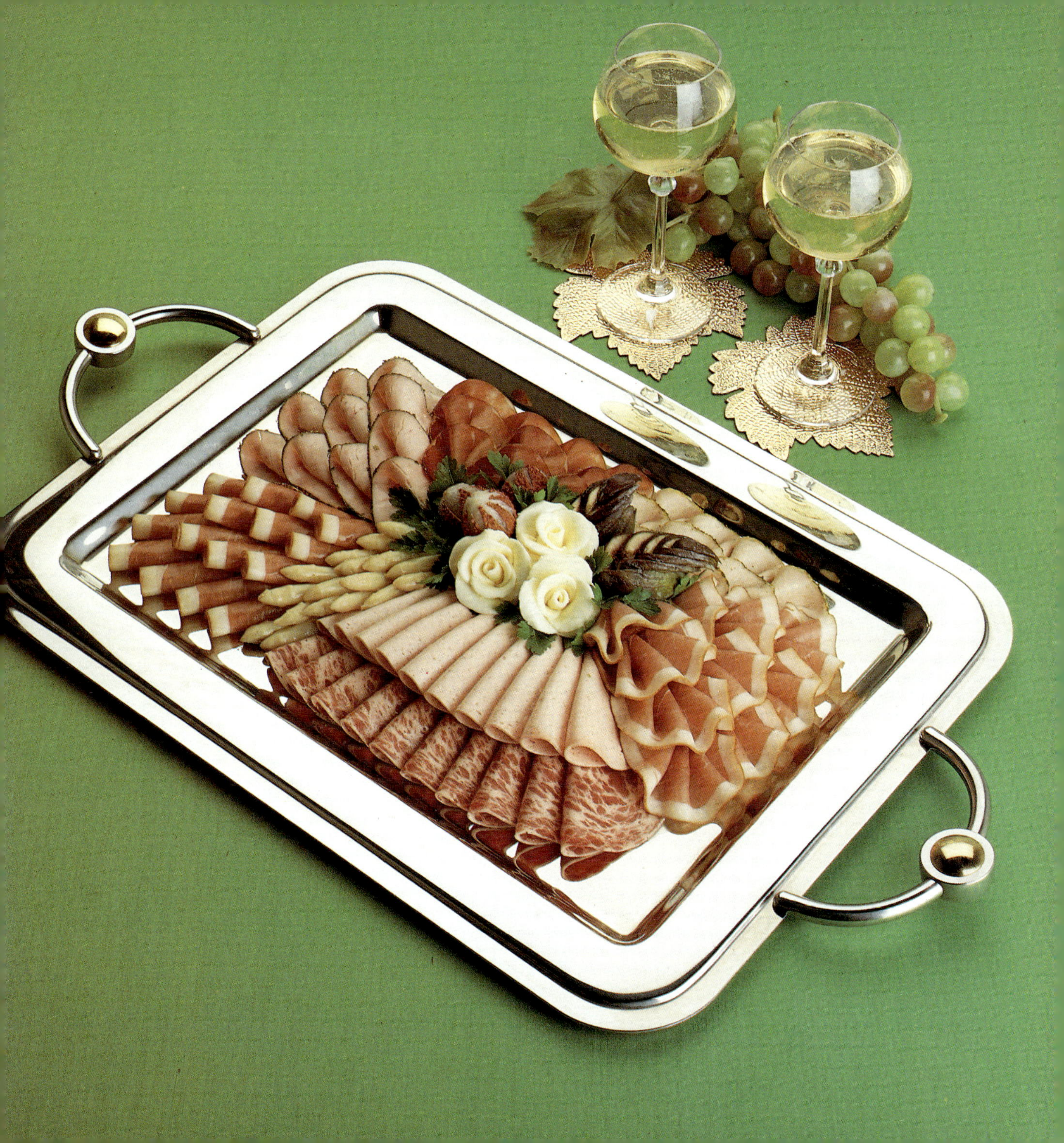

Diese festliche Schinken-Bratenplatte ist ein Meisterwerk in der Präsentation und Linienführung und wurde mit einer Goldmedaille ausgezeichnet. Die Platte wurde belegt mit 42 Scheiben Bündner Fleisch, 140 Scheiben Schweinebraten, 45 Scheiben Zunge und 40 Scheiben Rinderschinken. Wirkungsvoll sind die beiden Dekorationsmittelpunkte, bestehend aus Mandarinenvierteln mit einer gezackten Kiwi und jeweils 2 Kirschen besetzt. Diese zwei Dekorationsmittelpunkte werden optisch durch 7 aufgeschnittene Kiwischeiben verbunden. Bestechend bei dieser Platte ist auch die Exaktheit in der Legetechnik. Allerdings glaubte die Jury Punktabzüge bei der Dekoration machen zu müssen, weil die Mandarinenecken nicht in allen Bereichen exakt gelegt wurden.

Festliche Schinken-Bratenplatte

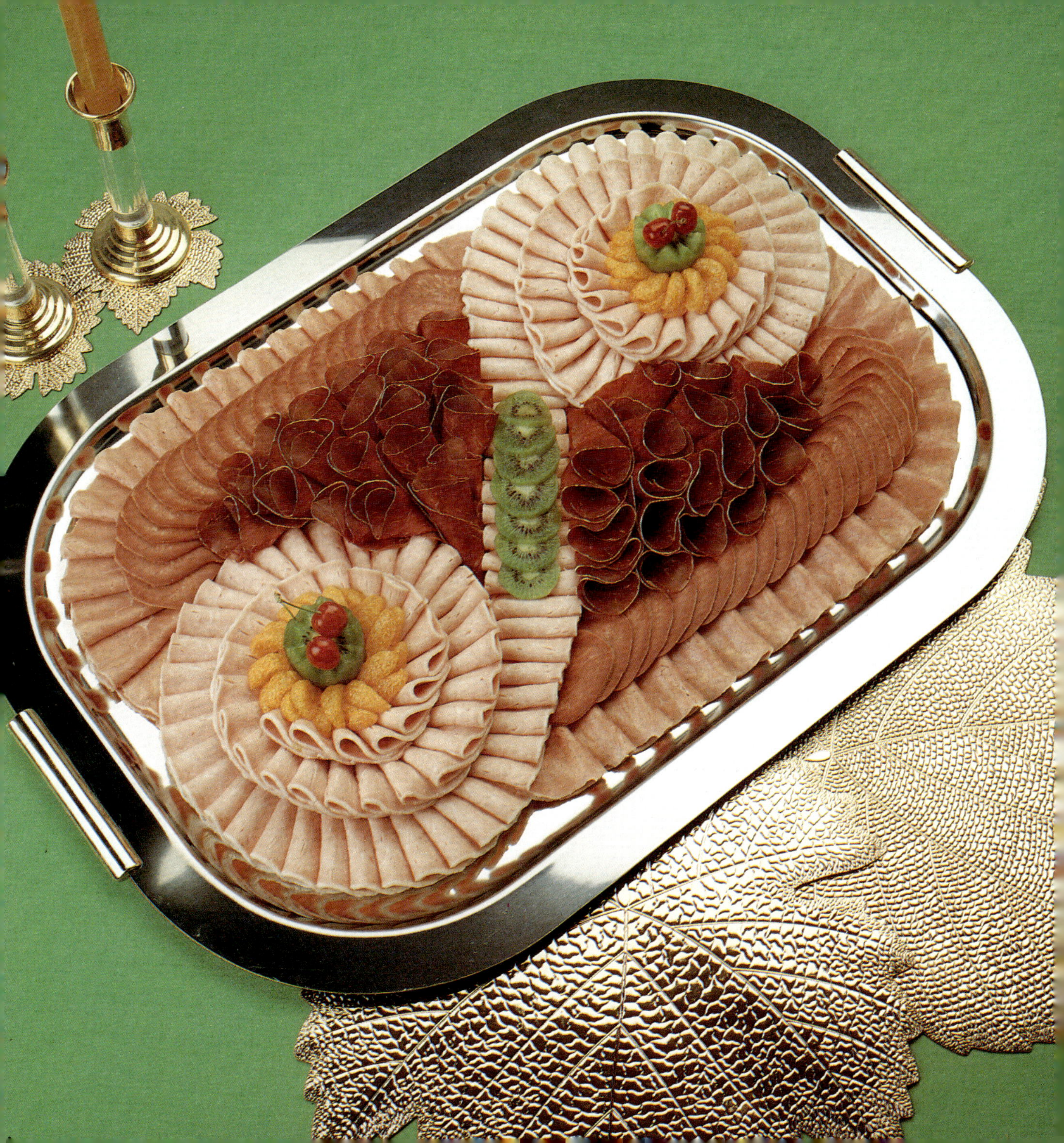

Dieses festliche Roastbeef-Bratenarrangement, eindrucksvoll auf einer Silberplatte präsentiert, erhielt eine Silbermedaille. Beeindruckend ist vor allem der Dekorationsmittelpunkt, der aus 2 gezackten Kiwis, 5 gezackten Feigen, 20 Karambolascheiben, Dill, Papayahälften und 3 gefächerten, mit Waldmeisterblättern unterlegten Äpfeln besteht. Dennoch gab es Abzüge wegen Übergarnierung und Mängel in der Ausführung und Zuordnung. In diesem Fall wäre weniger mehr gewesen. »Schlecht glasiert« war ein weiterer Punkt, der von der Jury kritisch moniert wurde. Dennoch eine insgesamt gelungene Komposition, die bei jedem Käufer Zufriedenheit auslösen wird.

Festliche Braten- und Roastbeefplatte

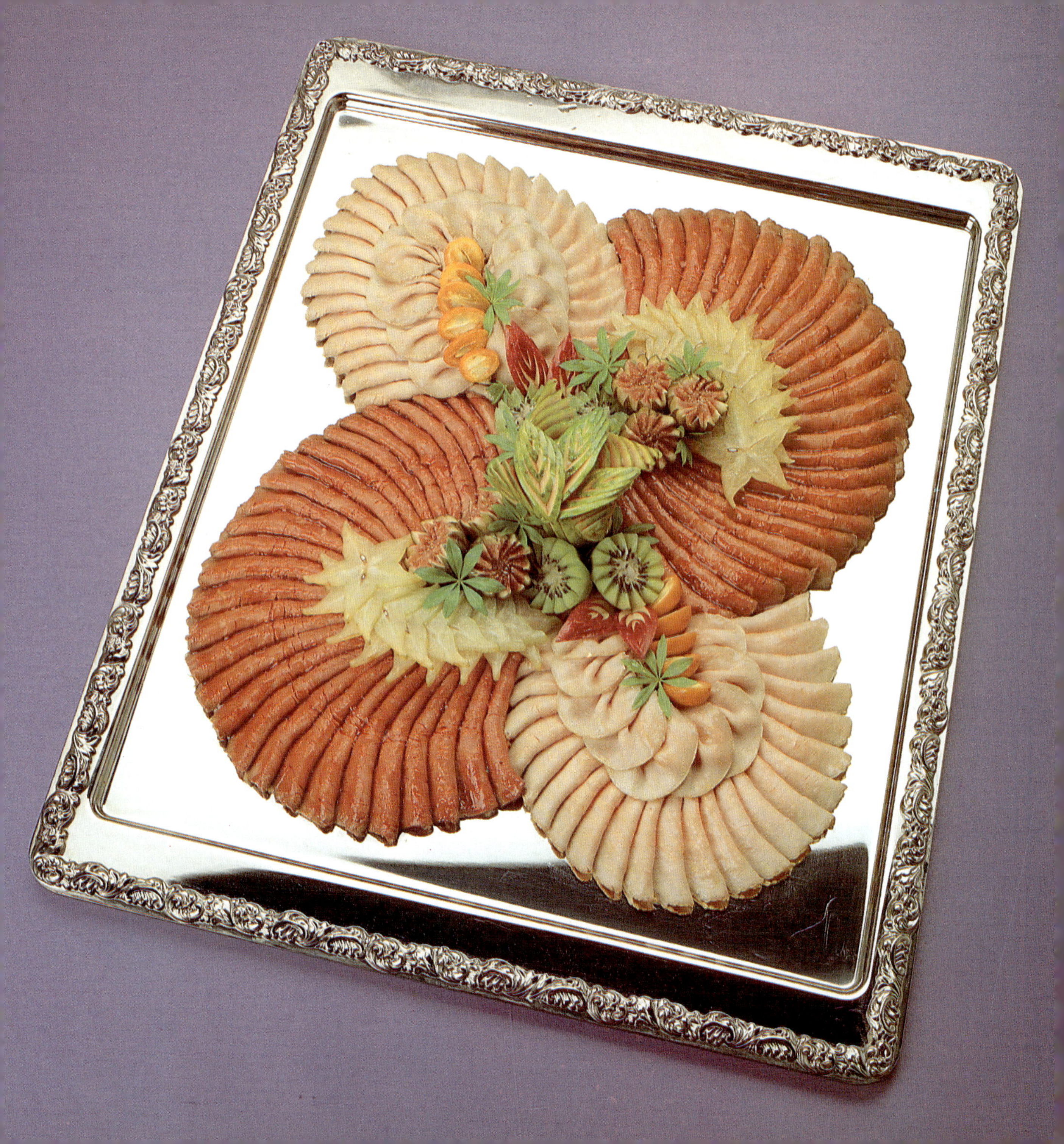

Die hier abgebildete Schinkenplatte besteht aus 53 Scheiben Bündner Fleisch, 32 Scheiben Schweinebraten, 20 Scheiben Rinderschinken und 28 Scheiben gekochtem Schinken. Für die Dekoration wurden verwendet: Karambolascheiben, 1 Mango, 2 Pfirsiche, 3 aufgeschnittene Kiwihälften, 1 Babyananas, 3 Kirschen, 5 Erdbeeren, blaue und grüne Weintraubendolden mit Lollorosso besetzt. Wenig Gefallen fand die Früchtedekoration in ihrer Zusammenstellung und wenig exakten Präsentation. Fehl am Platz sind wohl auch die halbierten Kiwis als einzig aufgeschnittene Früchte. Diese Mängel bei dem überdimensionalen Früchtebukett haben die Platte eine Medaille gekostet, obgleich sie – was die Ware anbelangt – überaus exakt gelegt und sehr geschmackvoll zusammengestellt wurde. Diese Platte hätte gleichwohl eine Medaille verdient.

Festliche Schinkenplatte

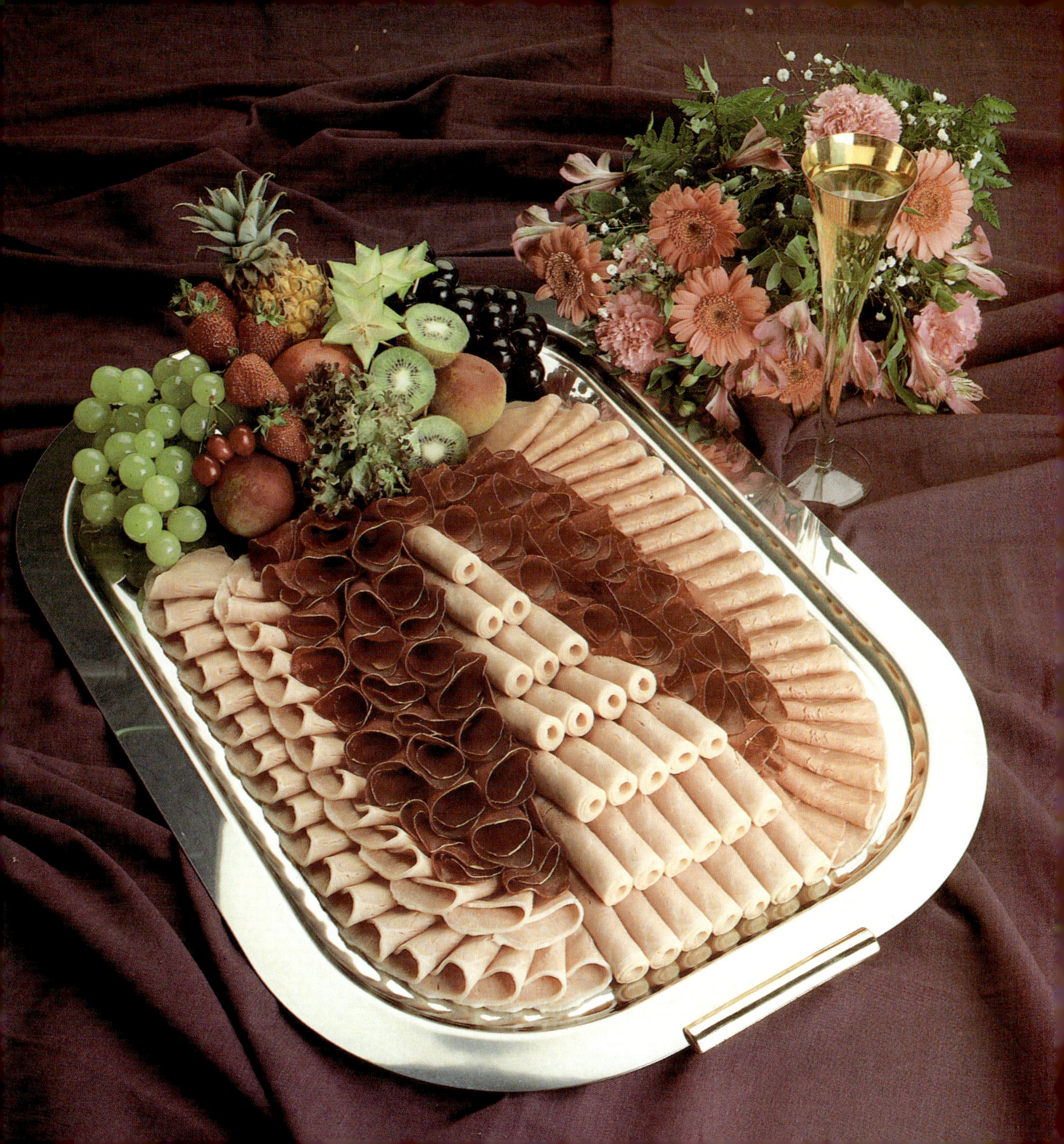

Eine sehr dekorative festliche Schinkenplatte, die sich durch eine gekonnte Linienführung auszeichnet und überaus exakt gelegt ist. Wirkungsvoll auch die farbliche Kontrastierung durch die verschiedenen Schinkensorten. Sie wurde belegt mit 220 Scheiben von verschiedenen Schinkensorten. Der Dekorationsmittelpunkt besteht aus 7 Butterrosen, grünem Spargel und gelben Melonenscheiben, das Ganze mit Kirschlorbeerblättern unterlegt. Abzüge gab es, weil Schinkenscheiben verklebt waren, die Melonenscheiben unterschiedliche Stärken aufwiesen und die Ware teilweise von der Dekoration überdeckt wurde. Das kostete diesem hervorragenden Arrangement eine Goldmedaille.

Festliche Schinkenplatte

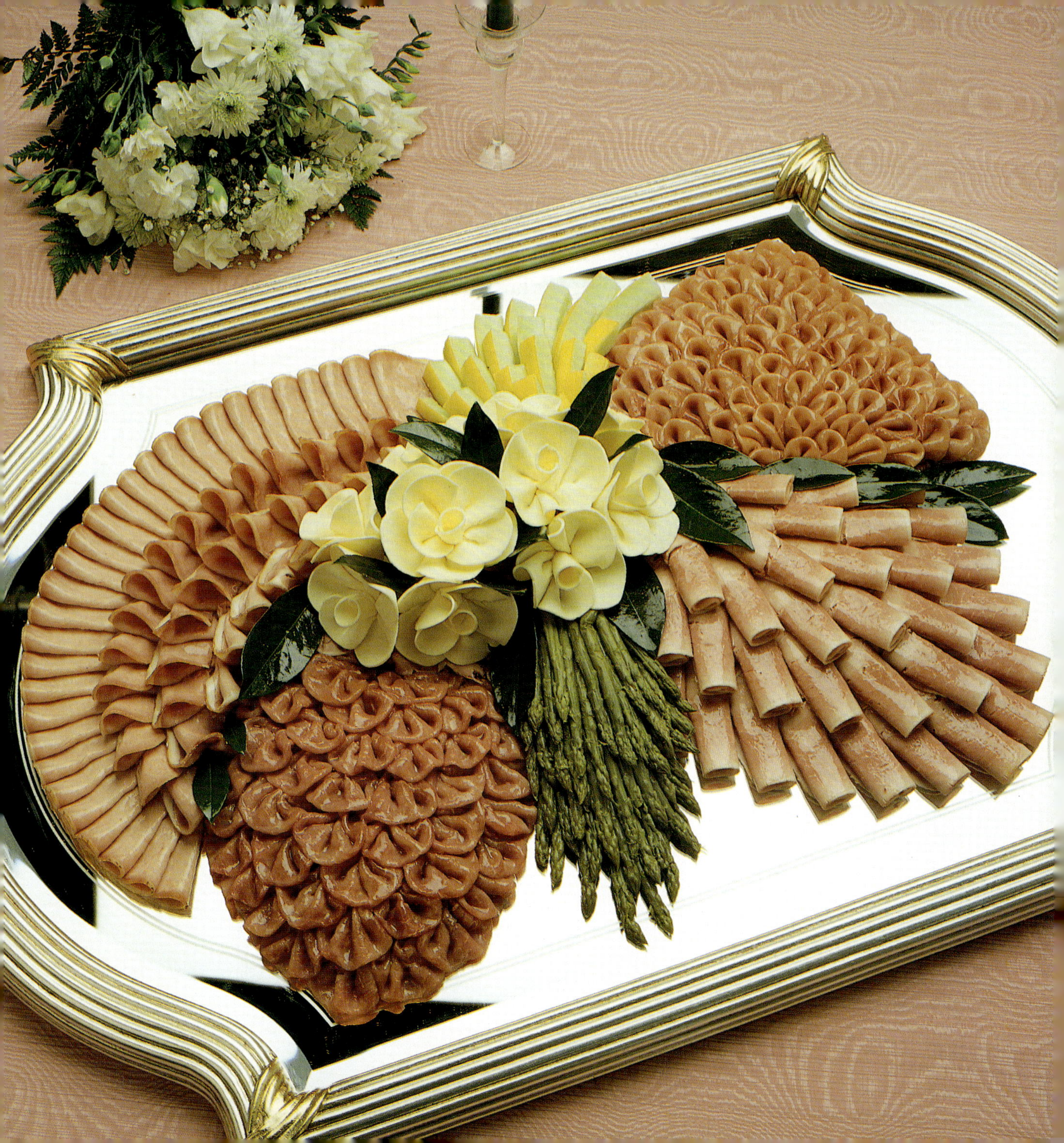

Diese rustikale Schinkenplatte erhielt keine Medaille. Sie wurde belegt mit 14 Scheiben gekochtem Nußschinken, 24 Scheiben gekochtem Kasseler, 14 Scheiben rohem Kasseler und 14 Scheiben Putenschinken. Die Dekoration besteht aus Melonenscheiben, 4 ganzen Tomaten, Karambolascheiben besetzt mit halben Kirschen, das Ganze mit Petersilie verwirkt. Die Mängel in der Legetechnik, in der Linienführung und wenig exakte und zu grobe Dekoration haben zu erheblichen Punktabzügen geführt.

Rustikale Schinkenplatte

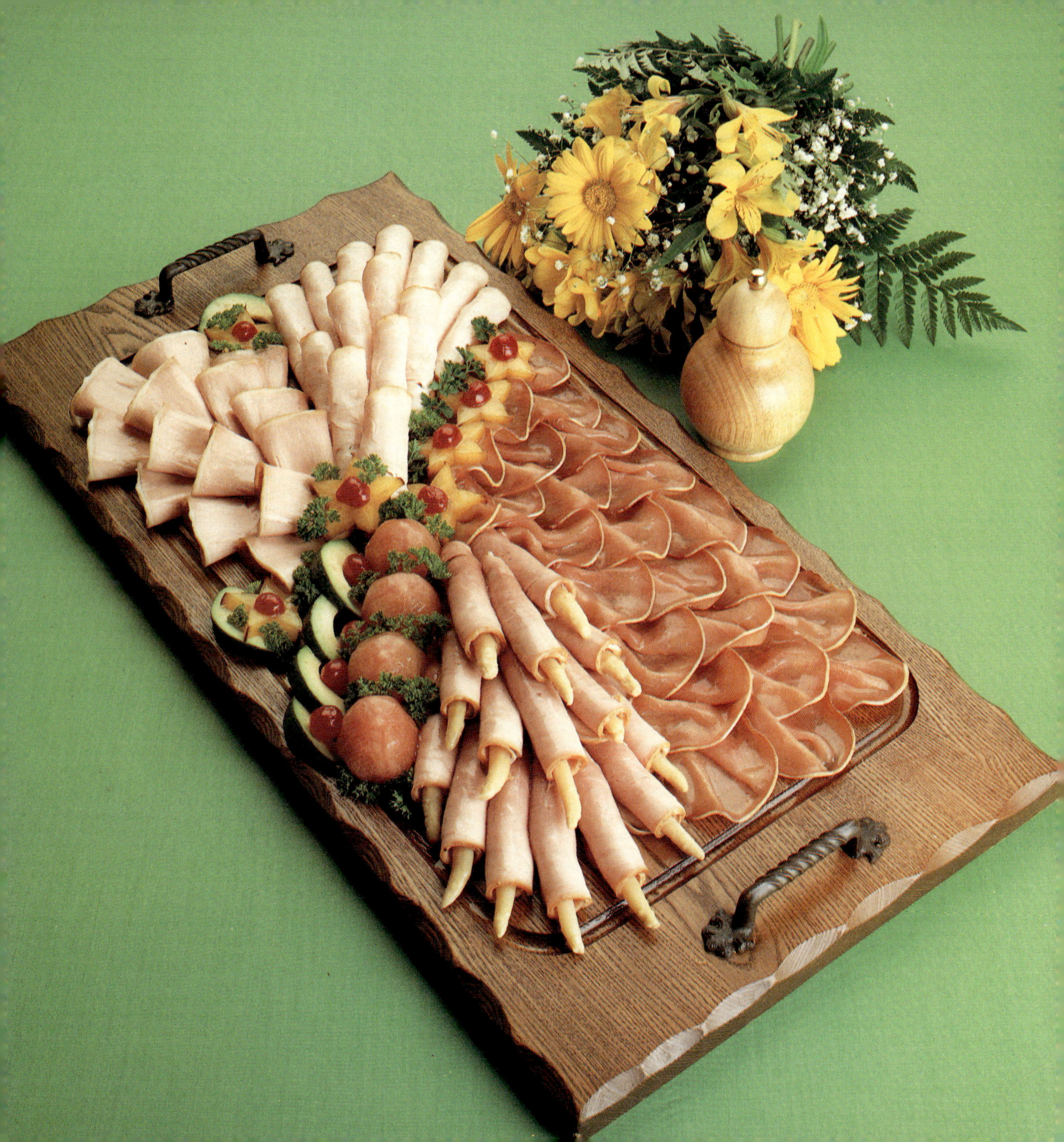

Eine wunderschön exakt gelegte, rustikale Schinkenplatte präsentiert auf einem bizarren Holzbrett. Die verschiedenen Schinkensorten – insgesamt 320 Scheiben – heben sich farblich hervorragend von der Holzplatte ab. Exzellent auch die Linienführung, die sich der Plattenform ausgezeichnet anpaßt. Als Garnierung wurden mit Blattpetersilie unterlegte Rettiche und Tomatenrosen verwendet. Diese sehr geschmackvolle und attraktive Schinkenkomposition erhielt eine Silbermedaille. Punktabzüge gab es für den vielleicht etwas zu groß geratenen Dekorationsmittelpunkt, der nach Auffassung der Jury zu einem unruhigen Gesamteindruck führte.

Rustikale Schinkenplatte

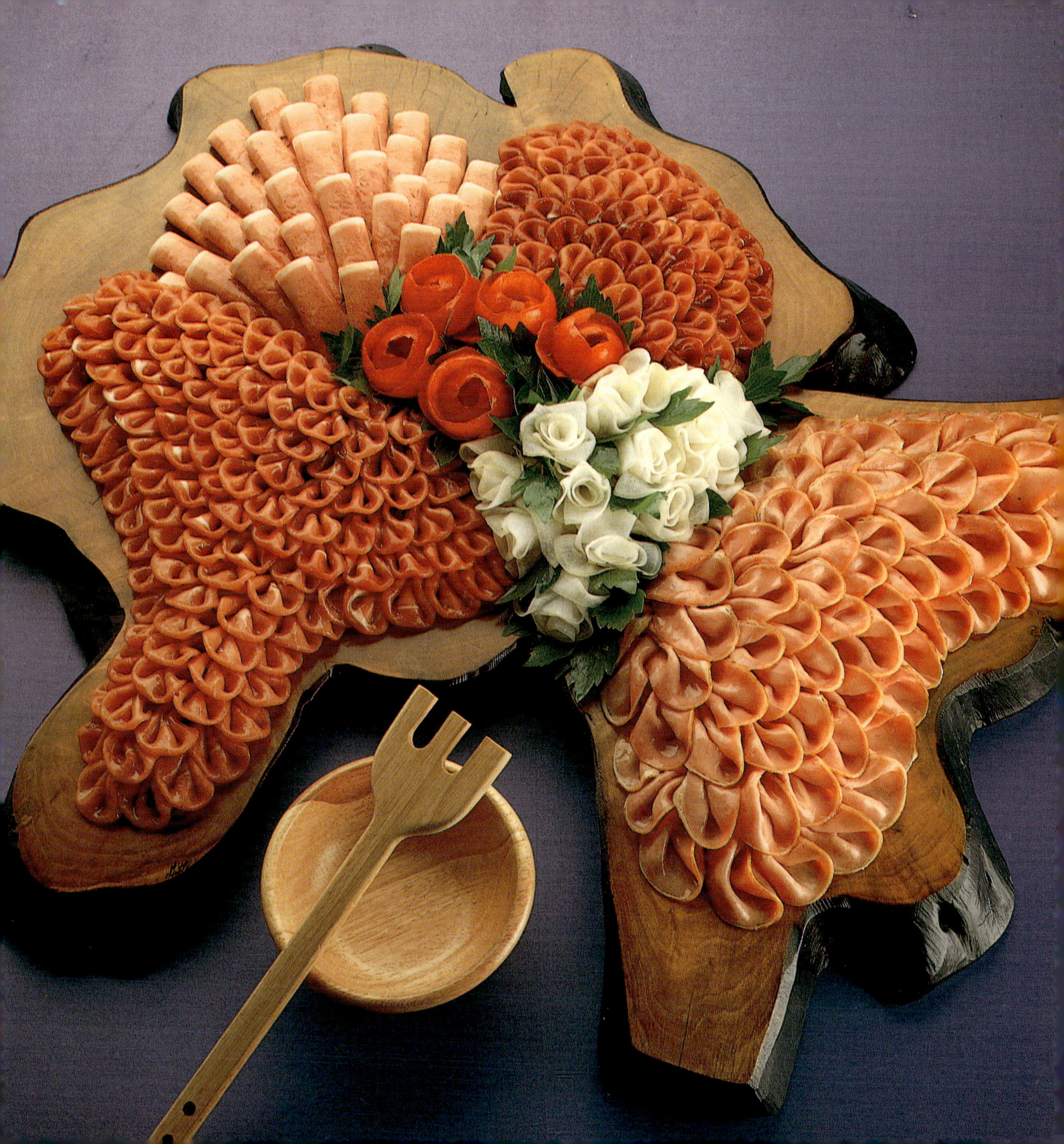

Dieses Schinkenbrett, zu einfach und zu wenig anspruchsvoll in der Gesamtkomposition, konnte sich im Internationalen Wettbewerb nicht qualifizieren. Mäßig und wenig kreativ ist auch die Garnierung. Die verwendeten Erdbeeren führen in diesem Fall nicht zu einer wünschenswerten Farbkontrastierung. Ebensowenig überzeugen die mit Dill versetzten blauen Weintrauben. Als einfache Tagesplatte dürfte dieses Schinkenbrett jedoch auch seine Liebhaber finden.

Rustikale Schinkenplatte

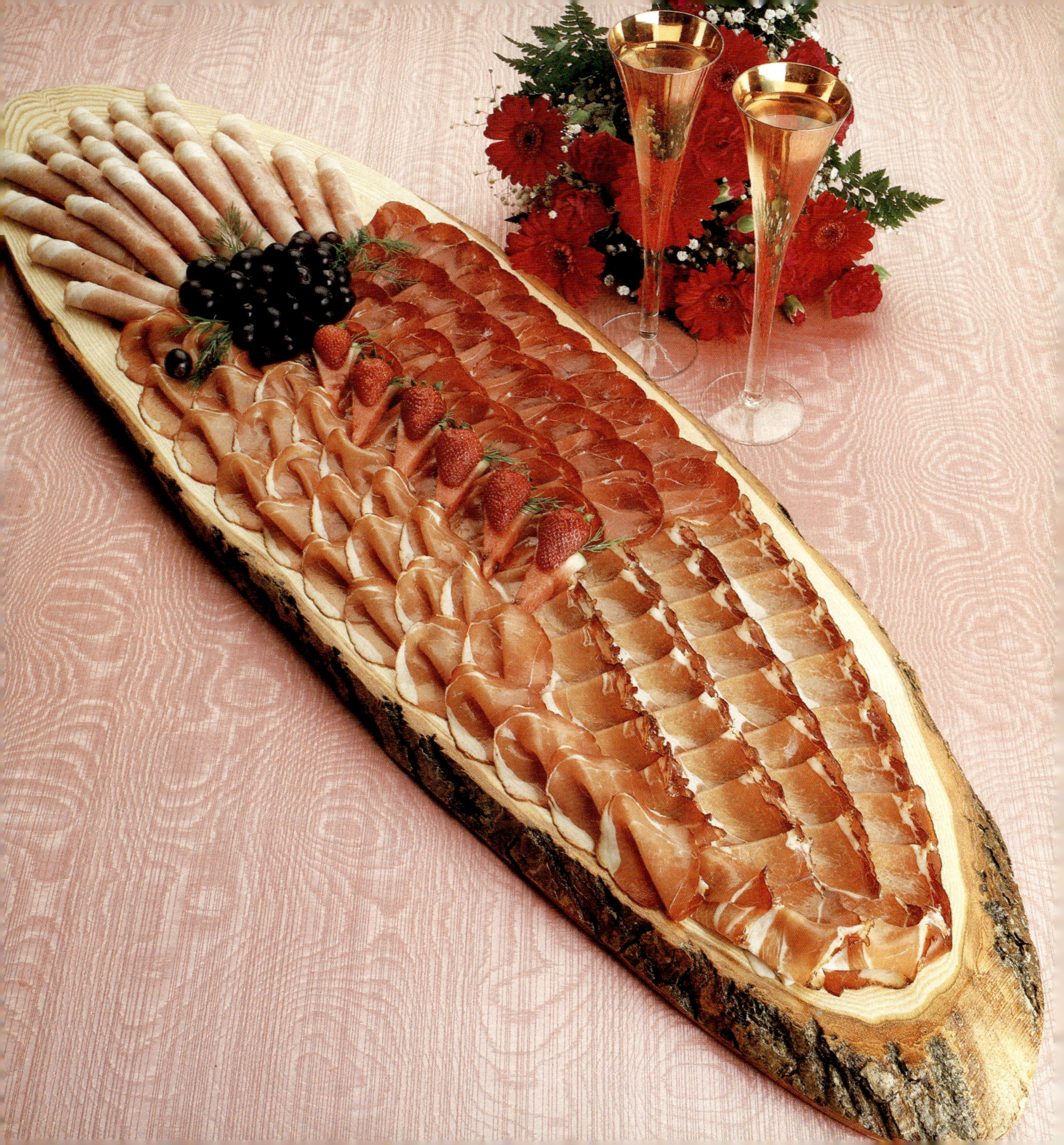

Eine Bronzemedaille konnte diese rustikale Aufschnittplatte erzielen. Als zu überladen wurde das Salamibukett – insgesamt 110 Scheiben – bewertet. Auch die Dekoration wurde nicht in allen Fällen als exakt und passend angesehen. Kritisiert wurde schließlich, daß die Scheiben schlecht abnehmbar sind. Gleichwohl enthält diese Platte sechs verschiedene edle Produkte: Lachsschinken, Putensaftschinken, Jägerpastete, Bierschinken, Paprikapastete und Salami; alles Gaumenfreuden für anspruchsvolle Kunden.

Rustikale Schinkenplatte

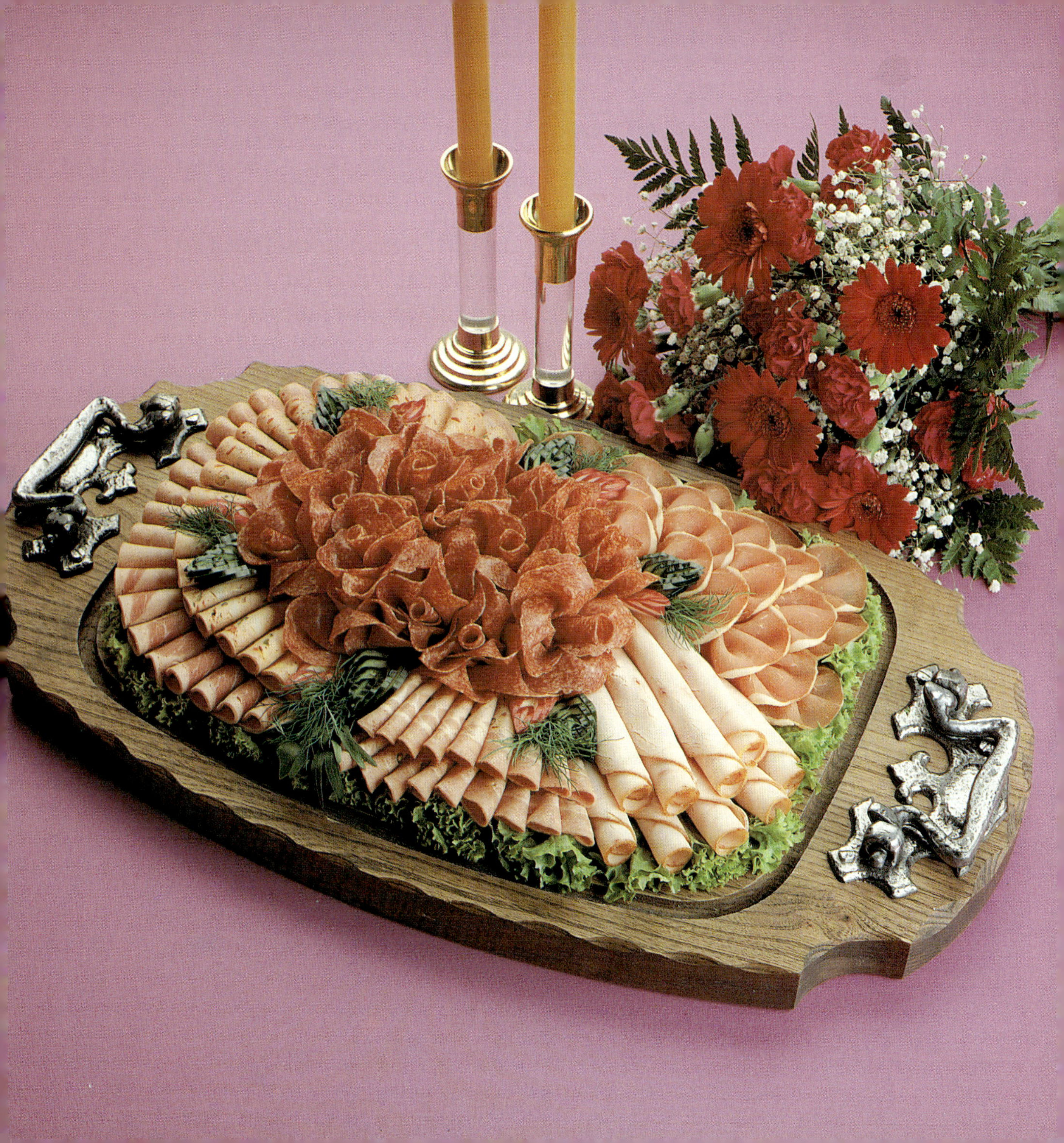

Eine Goldmedaille erhielt diese rustikale Schinkenplatte, die auf einem sehr schönen Holzbrett präsentiert wurde. Sie besteht aus insgesamt 5 verschiedenen edlen Schinkensorten. Der Dekorationsmittelpunkt besteht aus blauen Weintrauben mit Blattpetersilie unterlegt, weißem Spargel und 3 Erdbeerhälften. Abzüge erhielt diese Platte, weil bei der Garnierung die wünschenswerte Exaktheit vermißt wurde und sie insgesamt etwas zu einfach ausgefallen ist. Diese Platte, bestehend aus gekochtem Schinken, Lachsschinken, Lachsschinken wie gewachsen, luftgetrocknetem Fleisch und Zigeunerfleisch ist – bis auf die Dekoration – beispielhaft.

Rustikale Schinkenplatte

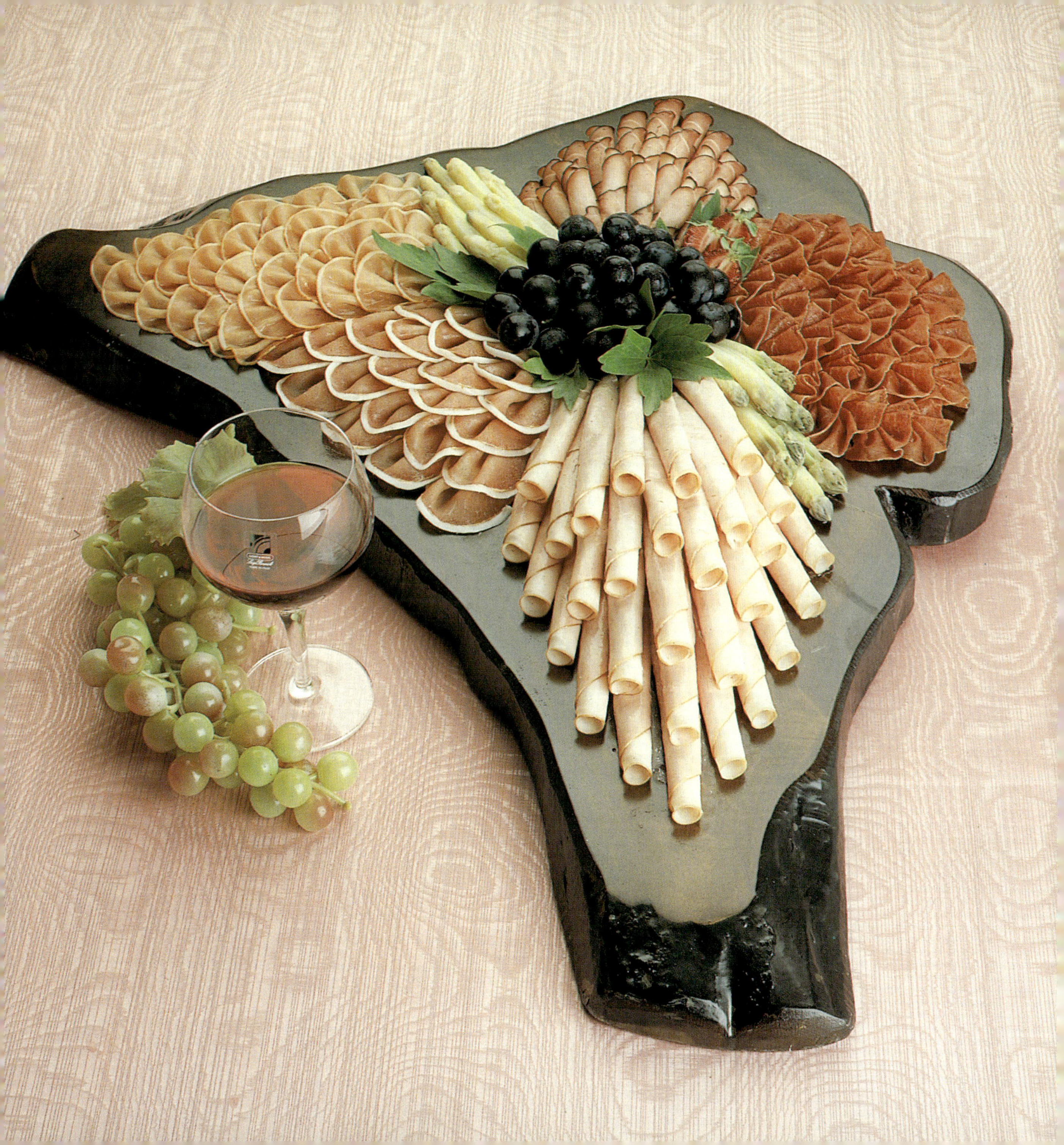

Eine rustikale Aufschnittplatte, die aus 18 Scheiben Rinderschinken, 16 Scheiben Putenbrust gefüllt, 13 Scheiben Kasseler, 18 Scheiben Rohwurst, 20 Scheiben Rindersaftschinken und 17 Scheiben Pfefferschinken hergestellt wurde. 3 Butterrosen mit Blattpetersilie unterlegt und Dolden aus blauen Weintrauben bilden den Dekorationsmittelpunkt. Wegen Mängeln in der Legetechnik und Linienführung erhielt diese Aufschnittplatte nur eine Bronzemedaille.

Rustikale Aufschnittplatte

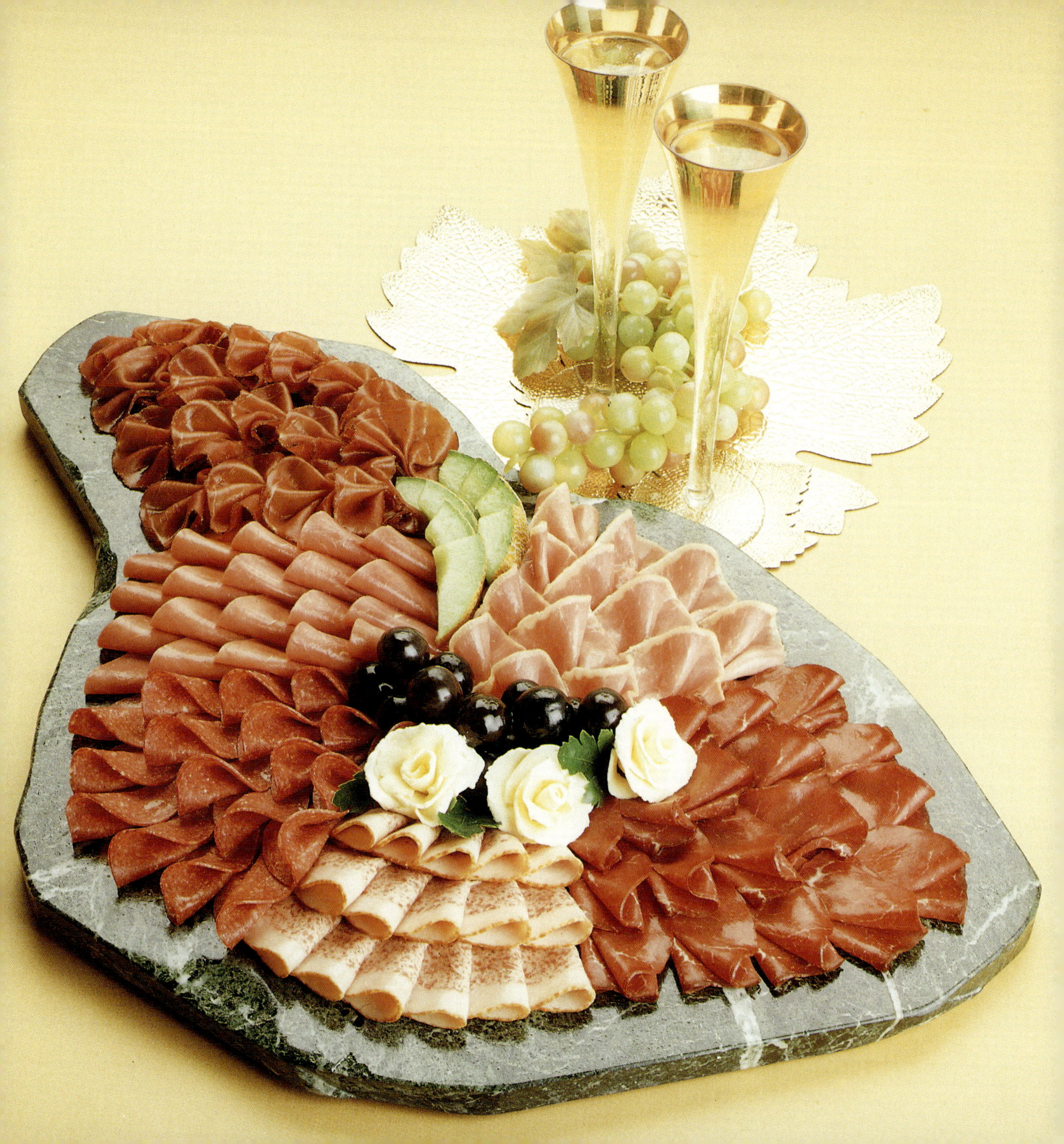

Eine attraktive Schinkenkomposition, die durch ihre farbliche Komposition unter Berücksichtigung der bizarren Form der Schieferplatte besonders beeindruckt. Wirkungsvoll auch das Früchtebukett als Dekorationsmittelpunkt, bestehend aus gezackten Papayas und Erdbeeren, blauen Weintrauben, Karambolascheiben – und das Ganze mit Blattpetersilie und Lollorosso-Salat garniert. An Materialien wurden verwendet: 36 Scheiben Grevedlachs, 40 Scheiben Schwarzwälder Schinken, 45 Scheiben Tiroler Bauernspeck und 40 Scheiben Lachsschinken. Kritisiert wurden die zu dick geschnittenen Schinkenscheiben und der etwas zu wuchtig geratene Dekorationsmittelpunkt, wodurch die Platte insgesamt etwas überladen wirkt. Sie wurde mit einer Silbermedaille ausgezeichnet.

Rustikale Schinkenplatte

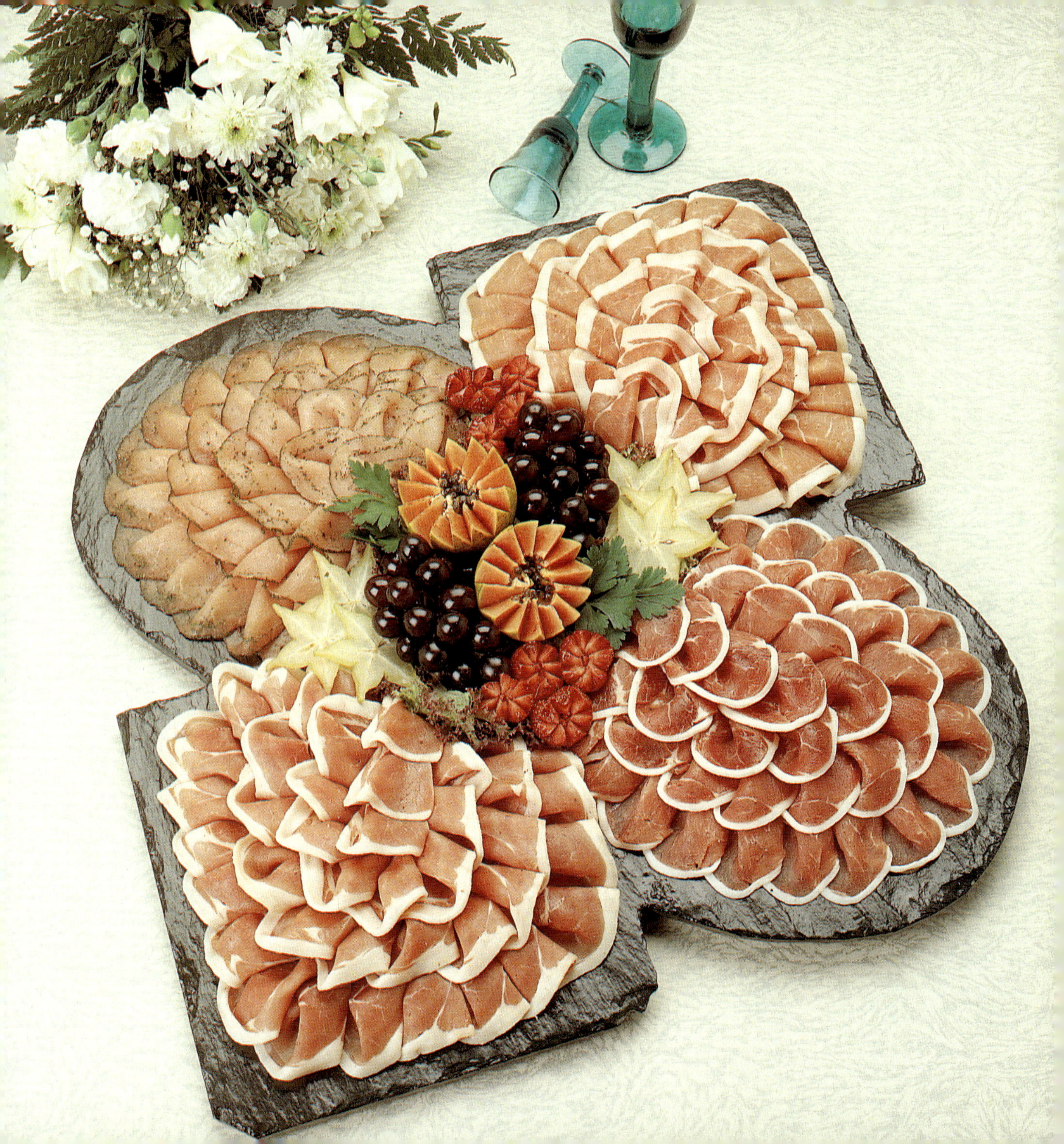

Eine attraktive rustikale Aufschnittplatte, farblich hervorragend zusammengestellt mit 7 verschiedenen Schinken- und Wurstsorten. Die Jury hätte sich beim Legen der Ware etwas mehr Sorgfalt gewünscht. Dort gab es größere Mängel, die zu Punktabzügen führten. Beeindruckend und phantasievoll ist der Dekorationsmittelpunkt, der sich auch farblich von der angebotenen Ware gut absetzt. Er besteht aus Rettichrosen, gefächerten Zucchinis, Rotkohlblättern mit Maiskölbchen, grünem Pfeffer und Blattpetersilie. Die Platte verpaßte ganz knapp eine Silbermedaille.

Rustikale Aufschnittplatte

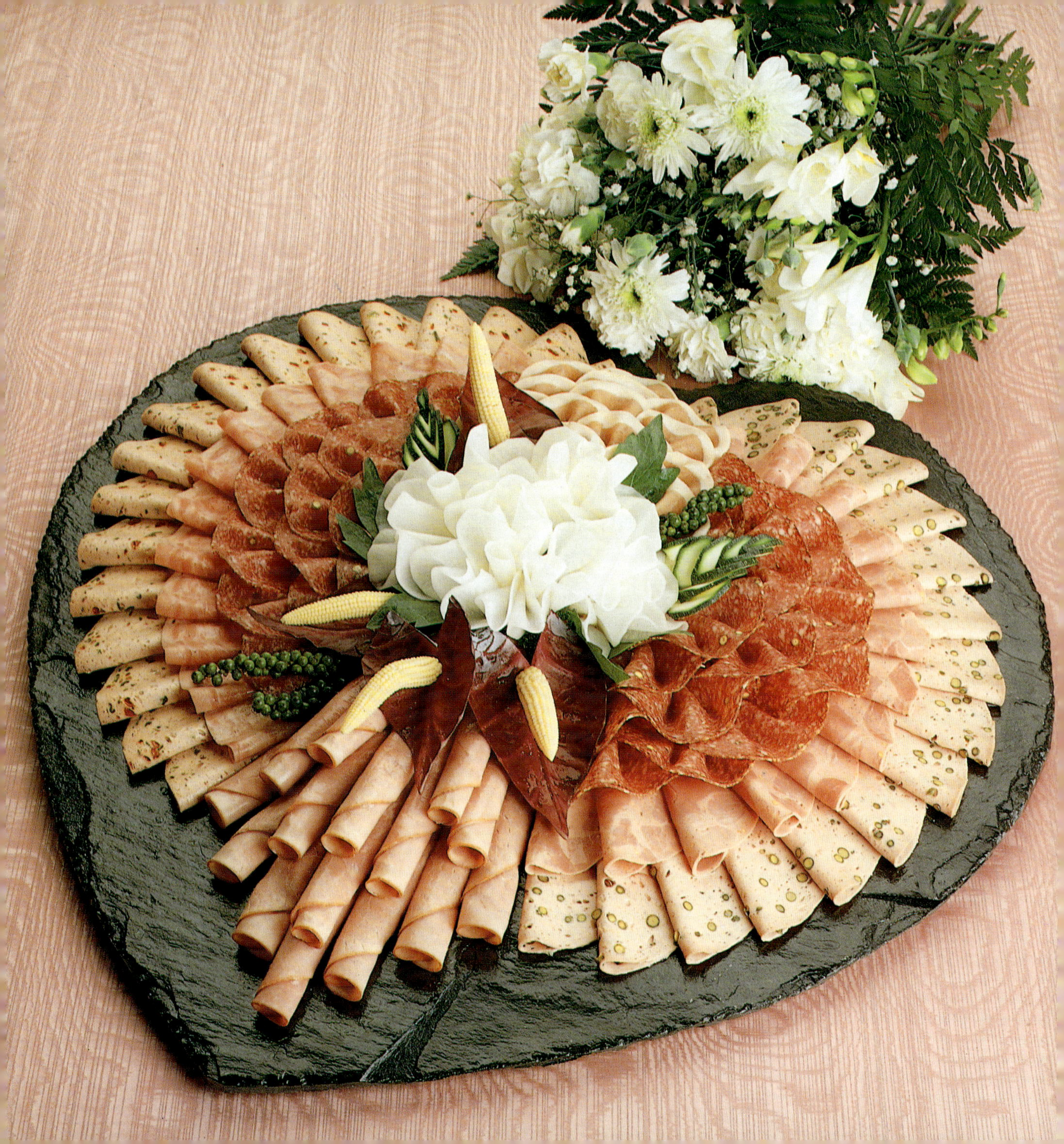

Eine rustikale Schinkenplatte, die ohne Auszeichnung blieb und nahezu alle Regeln einer optimalen Plattengestaltung außer acht ließ. Die Platte ist ungenügend ausgelegt. Die Dekoration ist nicht nur unexakt, sondern im Verhältnis zur Menge der Ware auch zu überladen. Die Linienführung und Legetechnik lassen ebenfalls zu wünschen übrig. Aus 14 Scheiben Lachsschinken, 12 Scheiben Schwarzwälder Schinken, 6 Scheiben gekochtem Hinterschinken, 12 Scheiben Schinkenspeck und 26 Scheiben Gewürzschinken hätte sich mehr machen lassen. Unexakt sind die gefächerten Tomaten und die angeschnittenen Lauchblätter, die nicht zu einer Schinkenpräsentation passen.

Rustikale Schinkenplatte

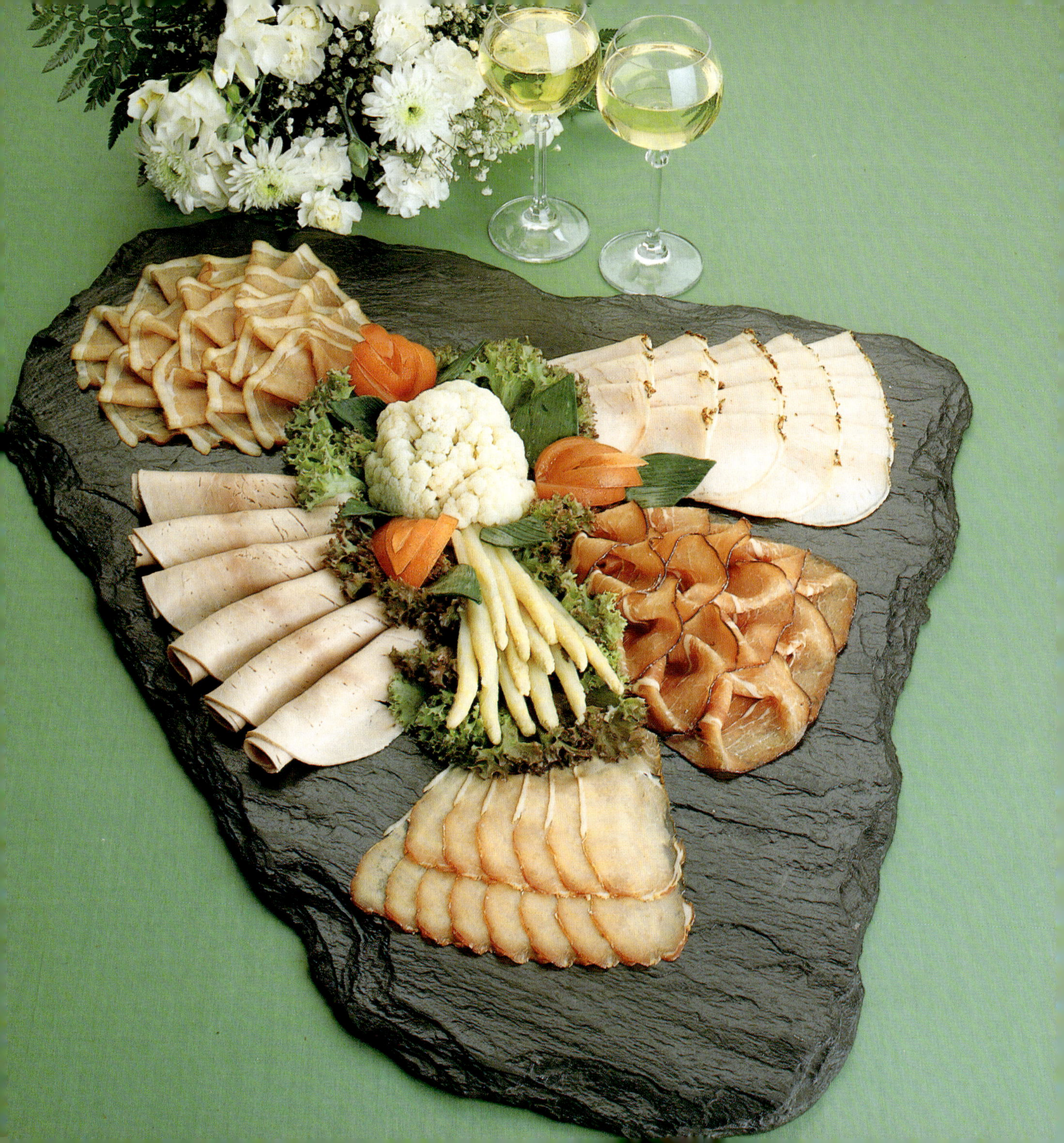

Diese rustikale Schinken-Bratenplatte blieb ohne Medaille. Sie ist mit 26 Scheiben Roastbeef, 20 Scheiben Kasseler, 13 Scheiben Schweinebraten, 16 Scheiben Schinkenbraten und 19 Scheiben Gyrosbraten belegt. Als Dekoration wurden verwendet: Ananasspalten, Erdbeeren und Weintrauben. Die Kritik der internationalen Jury lautete: Unexakte Linienführung, nicht exakte und wenig überzeugende Dekoration, Mängel in der Legetechnik. Beim Zuschnitt und bei der Auswahl der Materialien waren ebenfalls Mängel festzustellen. Das führte zu Punktabzügen, so daß diese Platte ganz knapp eine Bronzemedaille verpaßte.

Rustikale Schinken-Bratenplatte

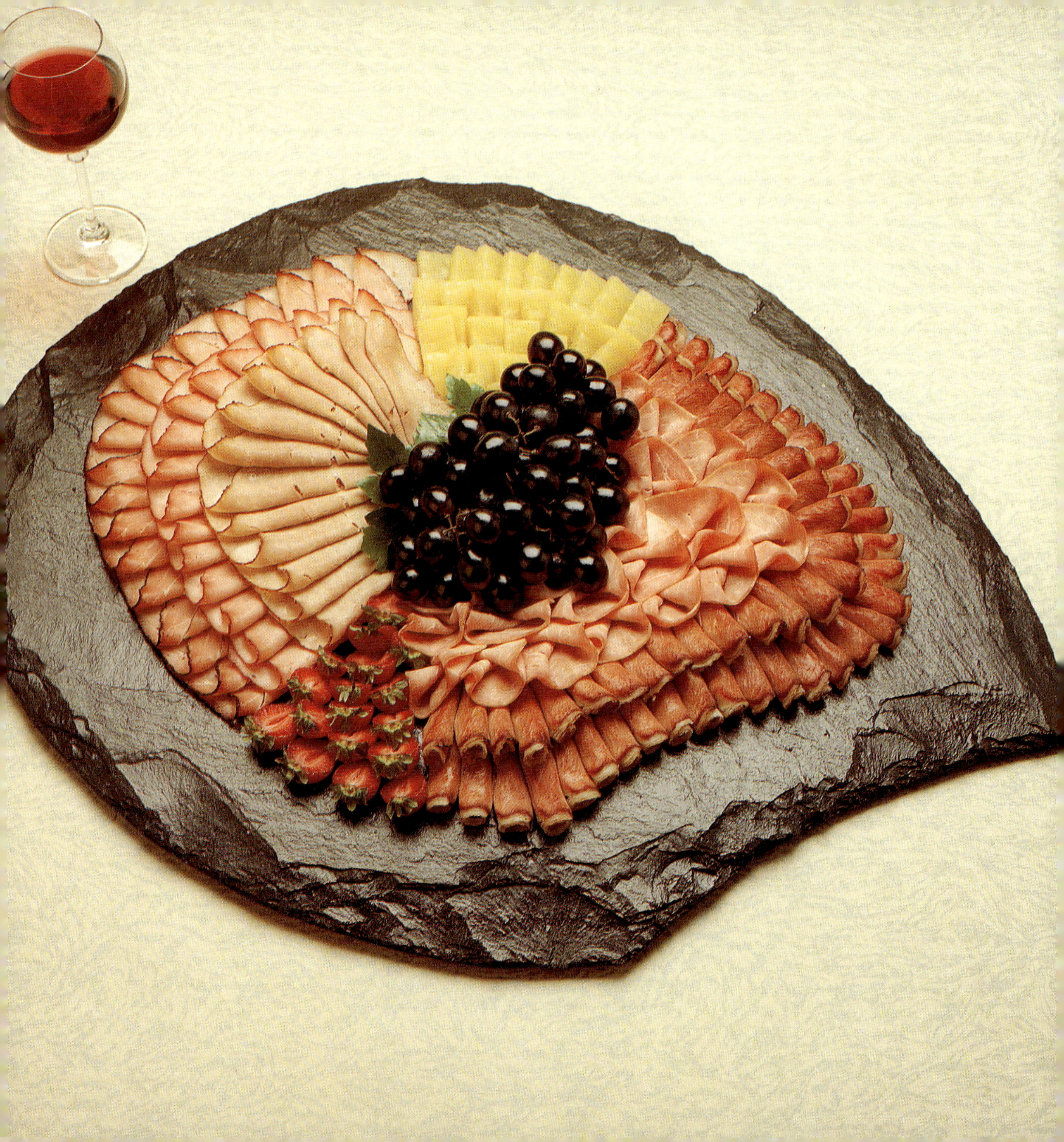

Eine stilvolle rustikale Aufschnittplatte mit verschiedenen edlen Schinken-, Braten- und Wurstsorten, appetitlich präsentiert und farblich gekonnt abgestimmt. Die Garnierung hingegen ist zusammenhanglos ohne Schwerpunkt angeordnet. Außerdem wurde die nicht exakte Legetechnik bemängelt. Dies alles führte zu Punktabzügen, die Platte konnte deshalb nur eine Bronzemedaille erzielen.

Rustikale Aufschnittplatte

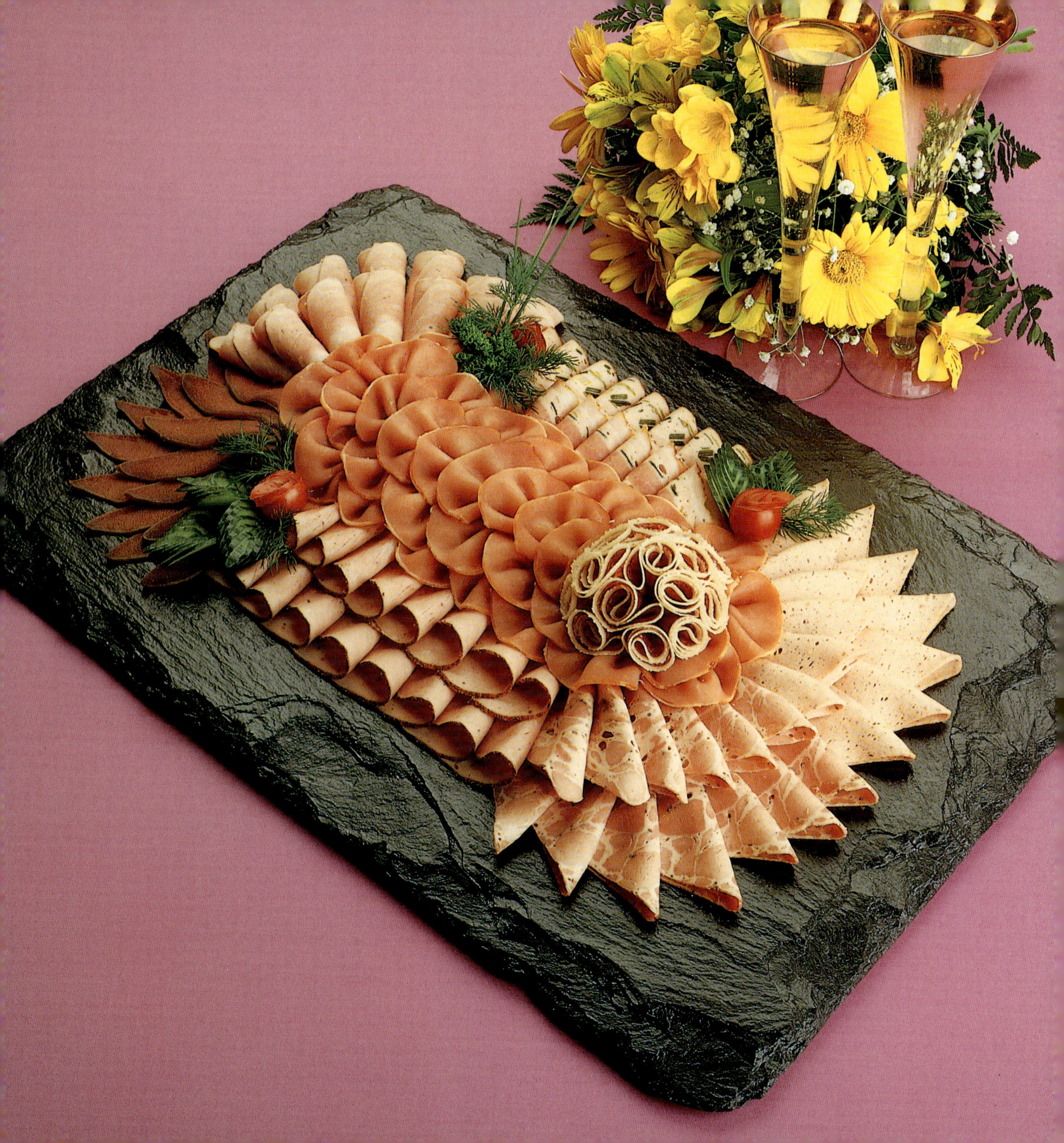

Die hier abgebildete rustikale Schinkenplatte konnte trotz erheblicher Mängel in der Legetechnik, im Zuschnitt der Ware und der nicht gelungenen Farbkontrastierung immerhin noch eine Bronzemedaille erzielen. Auch die Dekoration, bestehend aus 3 Butterrosen, blauen Weintrauben mit Blattpetersilie und 2 Maiskölbchen durchwirkt, konnte bei dieser Platte nicht besonders überzeugen.

Rustikale Schinkenplatte

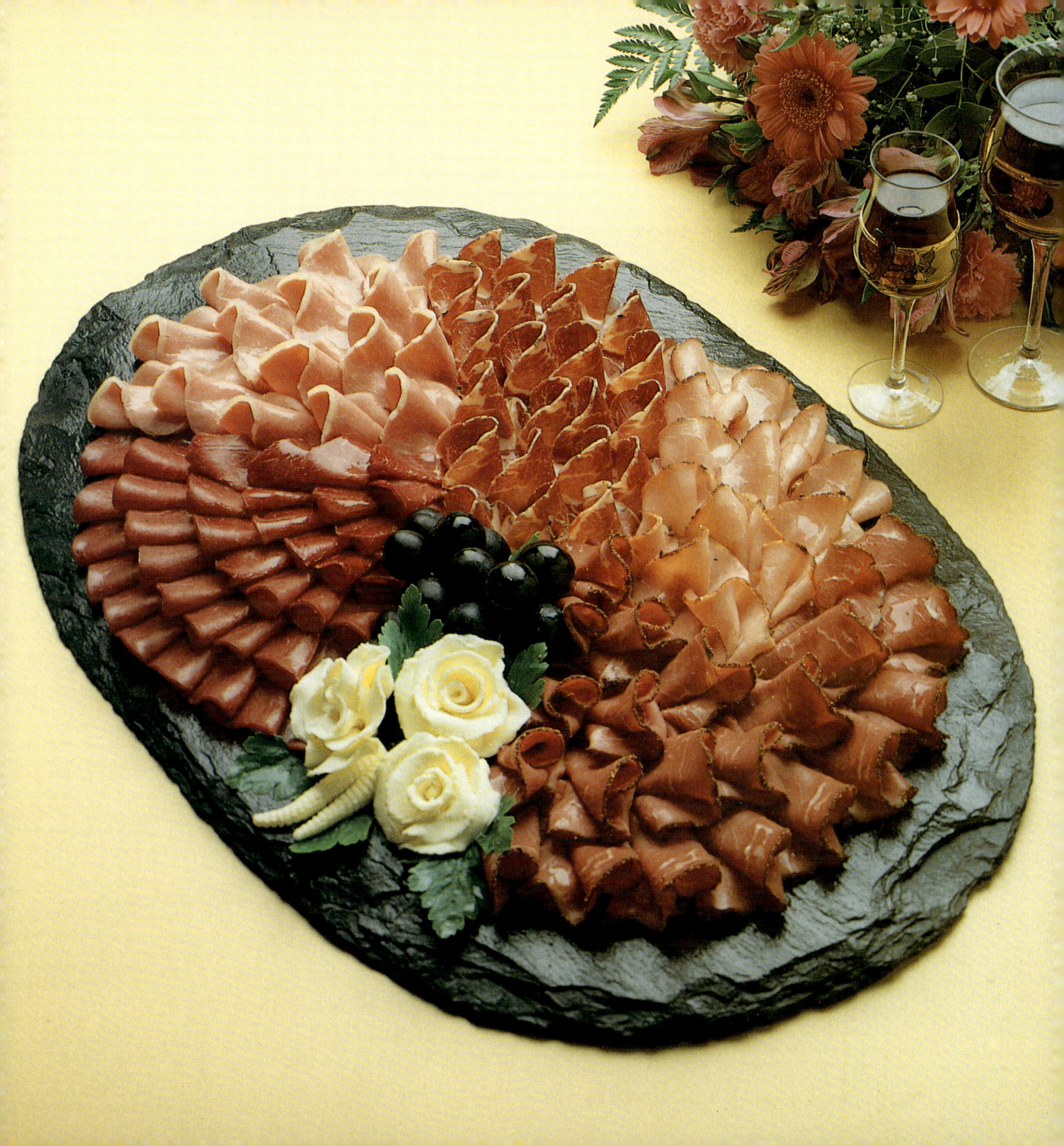

Mit einer Bronzemedaille wurde diese rustikale Schinkenplatte ausgezeichnet. Die Legetechnik und Linienführung ließen zu wünschen übrig. »Nicht immer exakt in der Ausführung«, so lautete das Urteil der internationalen Jury; einfallslos auch der Dekorationsmittelpunkt, bestehend aus blauen Weintrauben mit Blattpetersilie unterlegt und Melonenschnitzen.

Rustikale Schinkenplatte

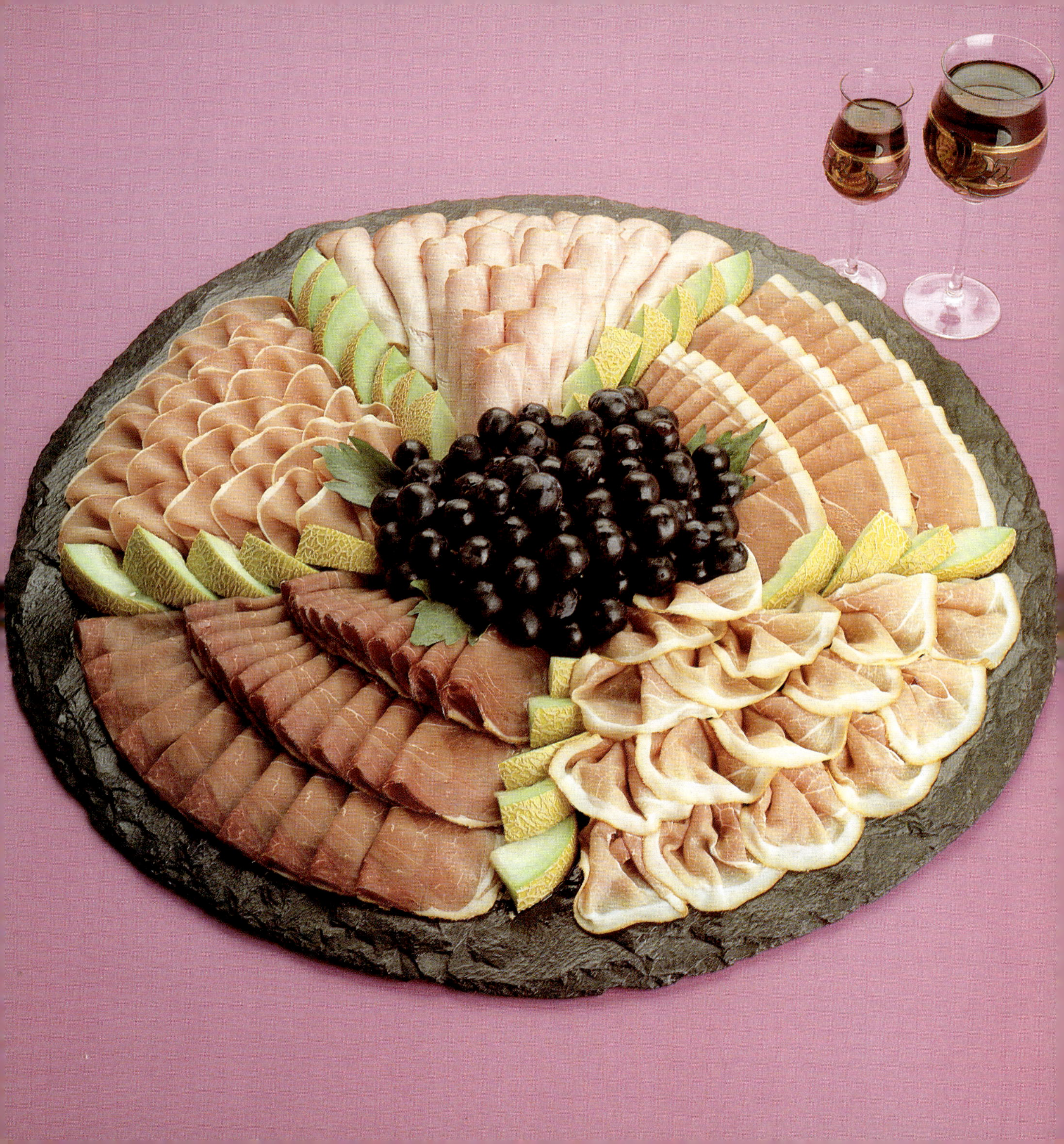

Diese rustikale Schinkenplatte erhielt eine Bronzemedaille und war damit wohl gut bedient. Einfallslos der Dekorationsmittelpunkt mit den blauen Weintrauben, die etwas wahllos mit Blattpetersilie bestückt wurden. Auch die Legetechnik ist nicht exakt. Eine Platte, die im Tagesgeschäft sicherlich ihre Käufer finden wird, aber hohen Kundenansprüchen kaum gerecht werden dürfte.

Rustikale Schinkenplatte

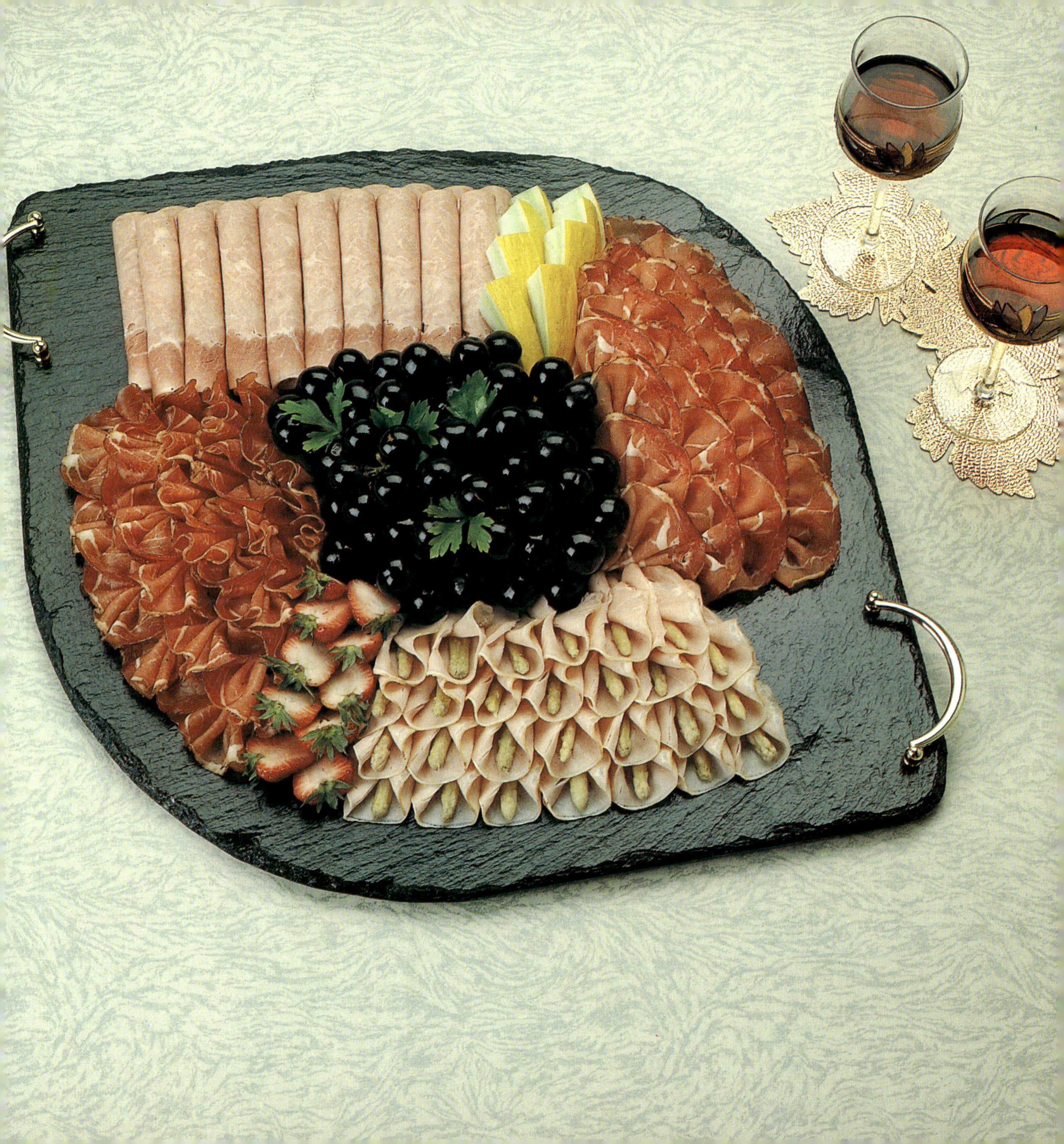

Diese rustikale Schinkenplatte besticht durch ihre exakt gelegte Linienführung und Legetechnik. Der Dekorationsmittelpunkt, bestehend aus 4 Butterrosen, 24 Melonenvierteln und mit Dill verwirkten blauen Weintrauben, ist im Verhältnis zur angebotenen Ware etwas groß ausgefallen. Die Jury hätte sich außerdem eine bessere Farbkontrastierung gewünscht. Die Platte wurde deshalb nur mit einer Silbermedaille ausgezeichnet.

Rustikale Schinkenplatte

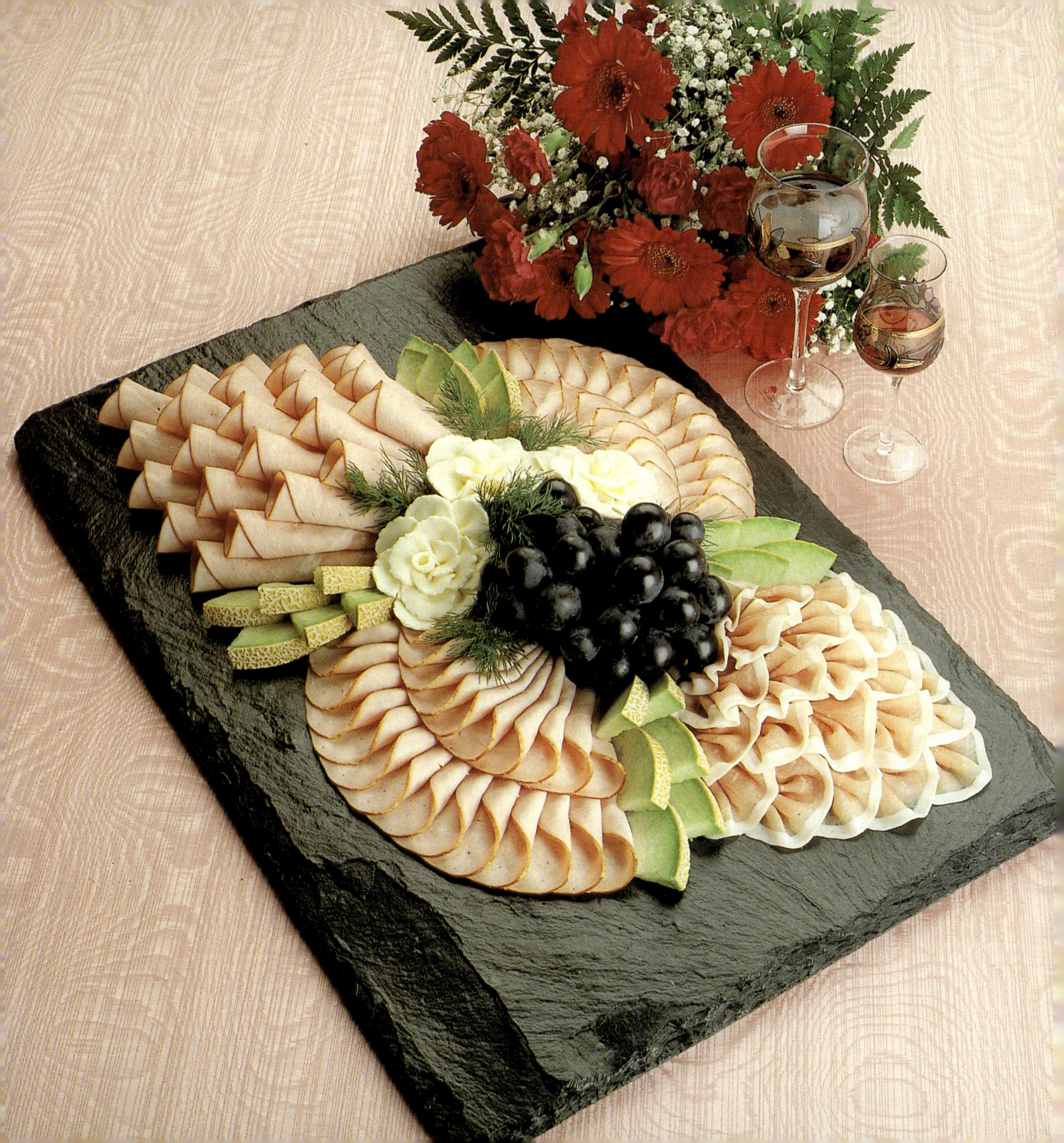

Eine Bronzemedaille erhielt dieses rustikale Schinkenarrangement, bestehend aus 5 verschiedenen Sorten: Kasseler, Pfefferschinken, rohem Schinken, gekochtem Schinken, gekochtem Rinderschinken. Als zu einfach und zu bescheiden wurde die Dekoration aus Weintrauben, 3 Butterrosen, Melonen, das Ganze mit Blattpetersilie unterlegt, bewertet.

Rustikale Schinkenplatte

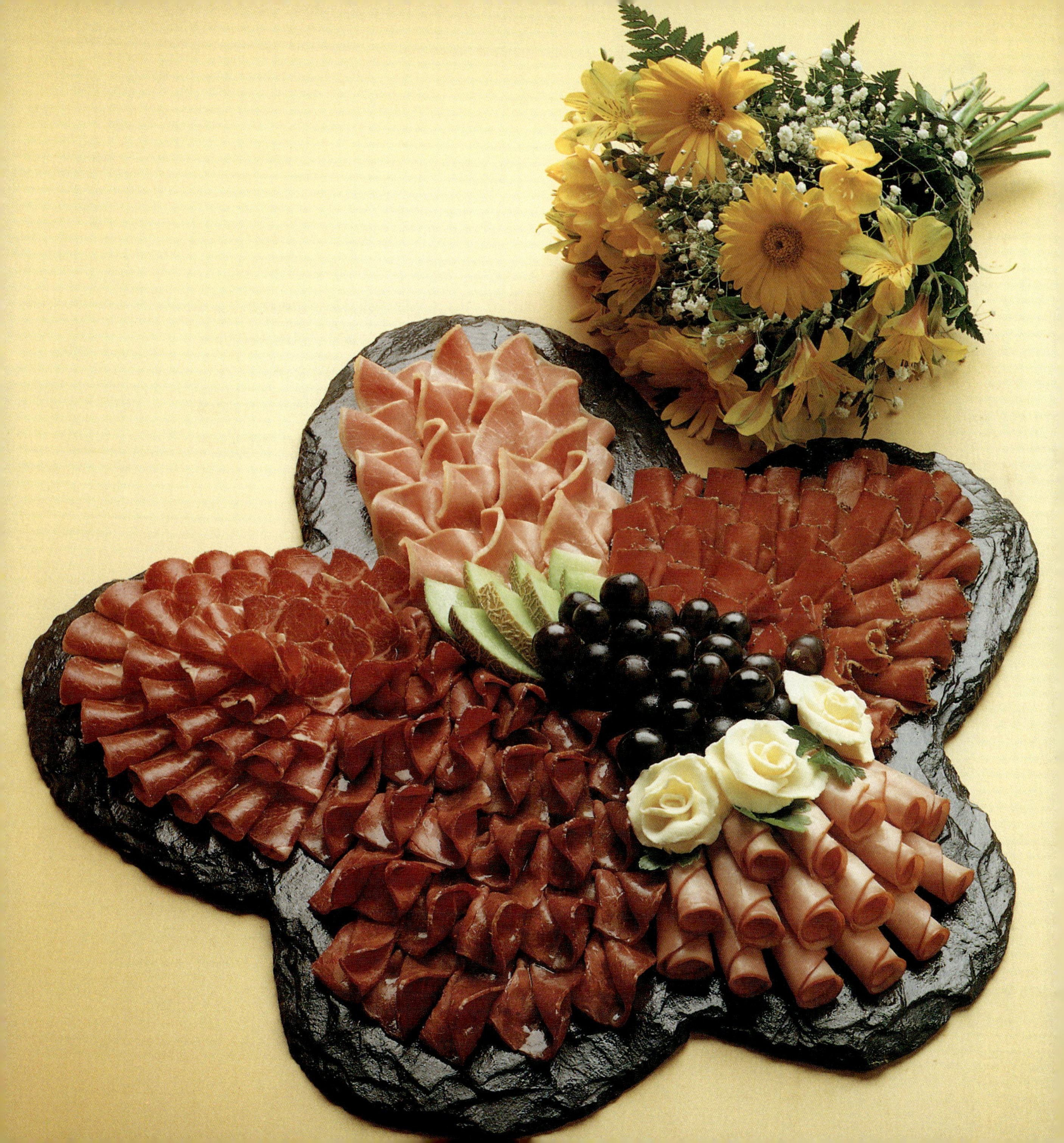

Dieses hervorragende Bratenarrangement besticht durch seine schlichte Eleganz. Die Platte ist exakt gelegt und dürfte jeden Kunden begeistern. Sie verpaßte jedoch ganz knapp eine Silbermedaille. Die Jury hielt sie für zu überladen. Die Garnierung, bestehend aus 2 Artischocken, mit 3 Butterrosen und Blattpetersilie unterlegt, war ihr zu spärlich, und schließlich entdeckte sie zuviel Aspik auf den Bratenscheiben. Eine wohl zu strenge Bewertung.

Rustikale Aufschnittplatte

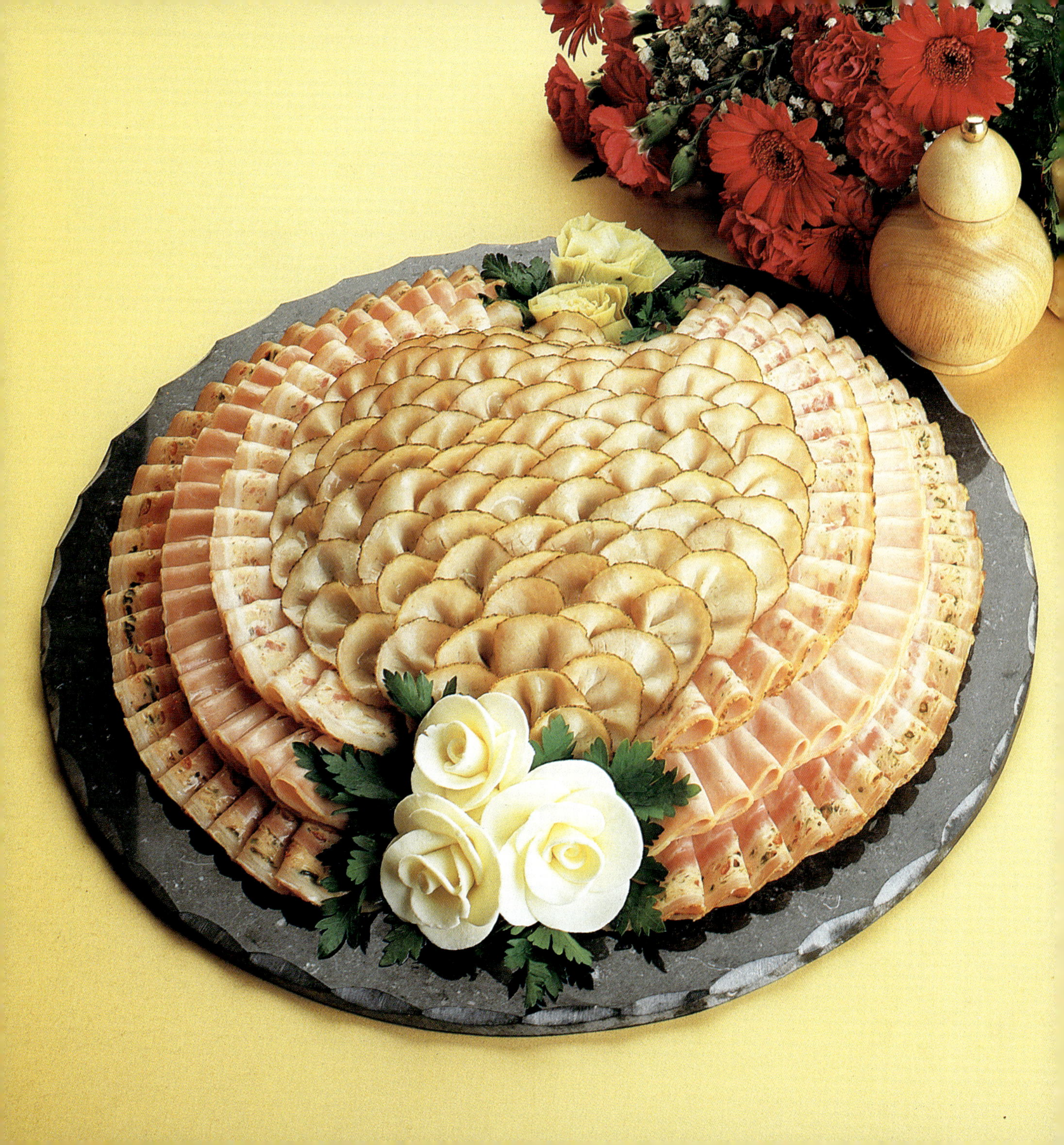

Diese Schinkenplatte erhielt eine Silbermedaille und war damit sicherlich gut bedient. Sie besteht aus 36 Scheiben gekochtem Schinken, 38 Scheiben Rinderschinken, 23 Scheiben Kaiserfleisch und 14 Scheiben Kasseler. Als Dekoration wurden verwendet: 15 Melonenspalten, 1 blaue Traube mit Blattpetersilie verwirkt, 13 Stangen weißer Spargel, 1 Butterrose. Bemängelt wurde die nicht immer exakte Legetechnik, insbesondere beim Rinderschinken, und die nicht exakte Anordnung des Spargels.

Rustikale Schinkenplatte

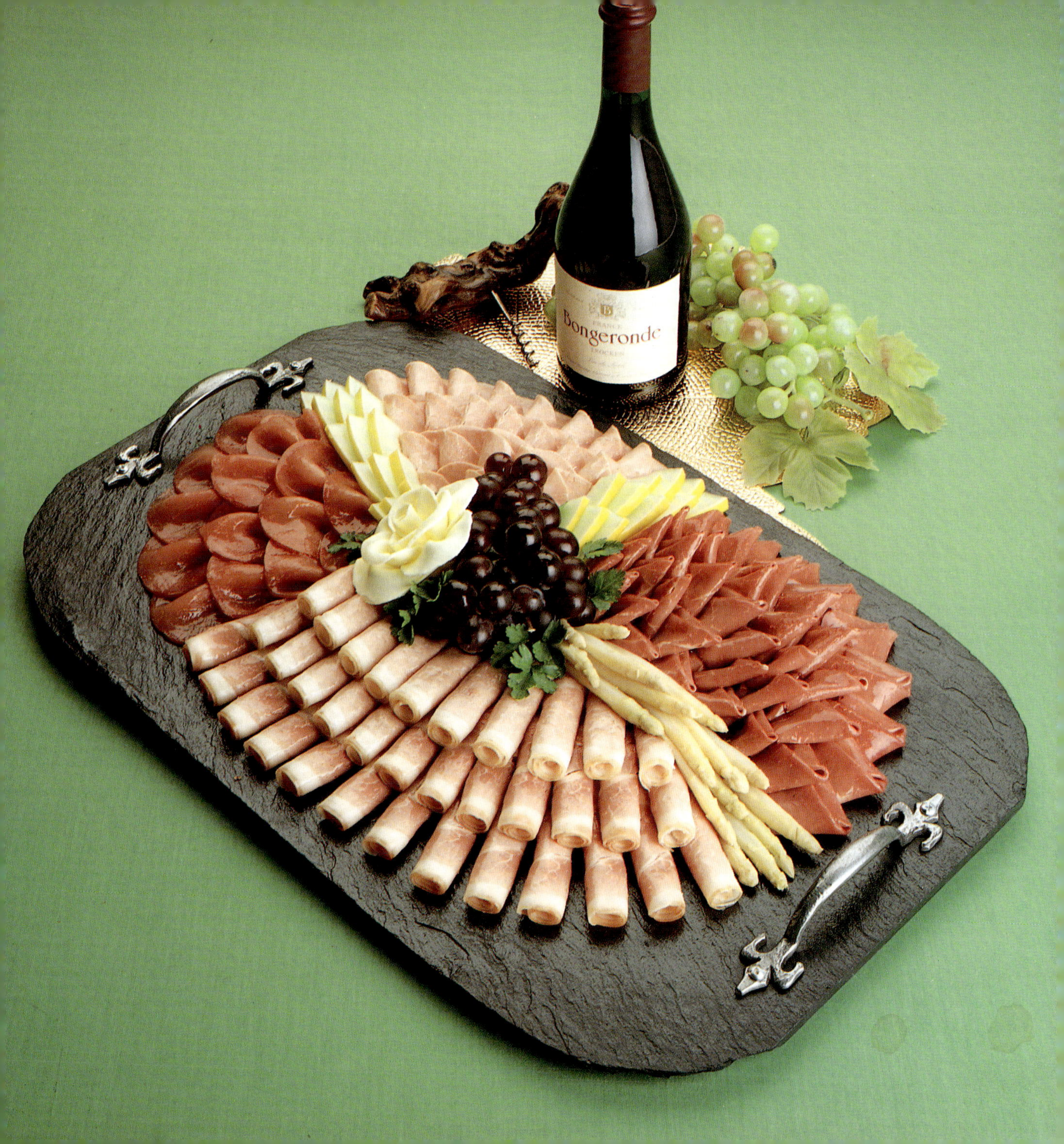
Bongeronde

Diese exzellent auf einer Marmorplatte präsentierte Aufschnittplatte erhielt uneingeschränkt eine Goldmedaille; ein Meisterwerk in der Linienführung und Legetechnik. Die Exaktheit in der Ausführung kann kaum überboten werden. Auch die farbliche Farbkontrastierung ist vorbildlich, ebenso die Vielfalt des Warenangebotes. Die Platte enthält 30 Scheiben Kochschinken, 31 Scheiben Nußschinken, 31 Scheiben Schweinebraten, 30 Scheiben Schinkenspeck, 20 Scheiben Rinderbierschinken, 20 Scheiben Lyoner und 20 Scheiben Bierschinken. Zur Garnierung dieses Meisterwerks wurden 3 wunderschöne Butterrosen, 2 gezackte Kiwis mit einer Honigmelonenkugel besetzt, blaue Weintrauben, Honigmelonenschnitzen mit Blattpetersilie und grüner Spargel verwendet. Der Dekorationsmittelpunkt hebt sich farblich von den verschiedenen Aufschnitt- und Schinkensorten hervorragend ab, ist überdies präzise und exakt angeordnet.

Festliche Aufschnittplatte

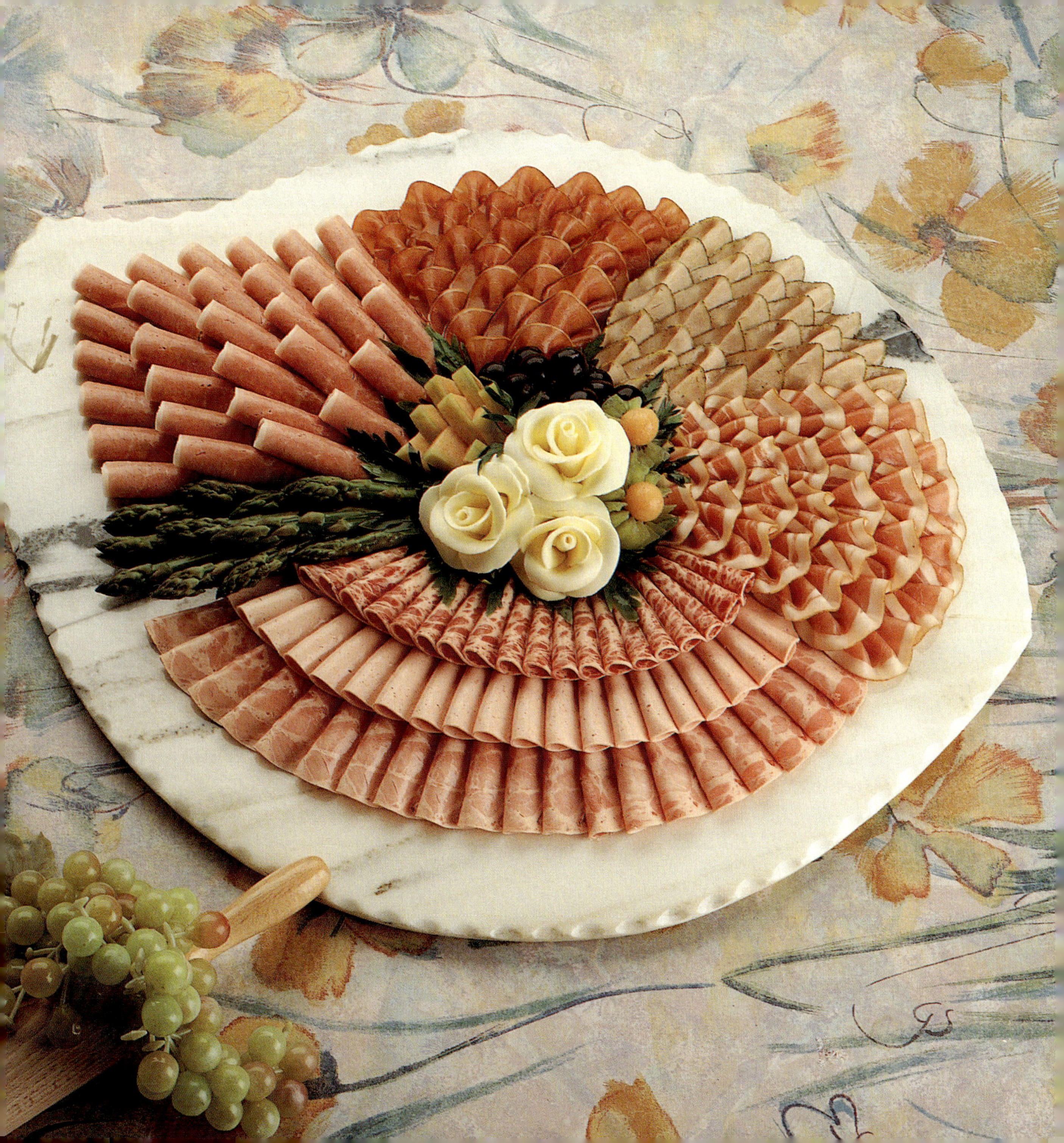

Hier wird eine vorbildlich gelegte Aufschnittplatte präsentiert. Eindrucksvoll auch die Sortenvielfalt und die farbliche Abstimmung der verschiedenen Wurst- und Schinkensorten. Besonders gekonnt ist die Legetechnik, die sich an der Form der Marmorplatte ausgezeichnet orientiert. Wirkungsvoll ist auch der Dekorationsmittelpunkt, der aus 4 Butterrosen, blauen Weindolden, aufgeschnittenen Tamarillos, Karambolascheiben, gefächerten Feigen mit Blattpetersilie verwirkt, Melonenkugeln sowie grünem Spargel besteht. Diese hervorragende Plattenkomposition verfehlte eine Goldmedaille, weil die Jury den Dekorationsmittelpunkt als übergarniert empfand und einige kleine Mängel im Zuschnitt – zuviel Fett beim Ardenner-Schinken – registrierte. Verarbeitet wurden auf dieser Platte 20 Scheiben Bierschinken, 20 Scheiben Lyoner, 20 Scheiben Rinderbierschinken, 20 Scheiben Ardenner Schinken, 25 Scheiben Schweinebraten, 25 Scheiben Kräuterkasseler, 36 Scheiben Nußschinken und 39 Scheiben Schinkenspeck.

Rustikale Aufschnittplatte

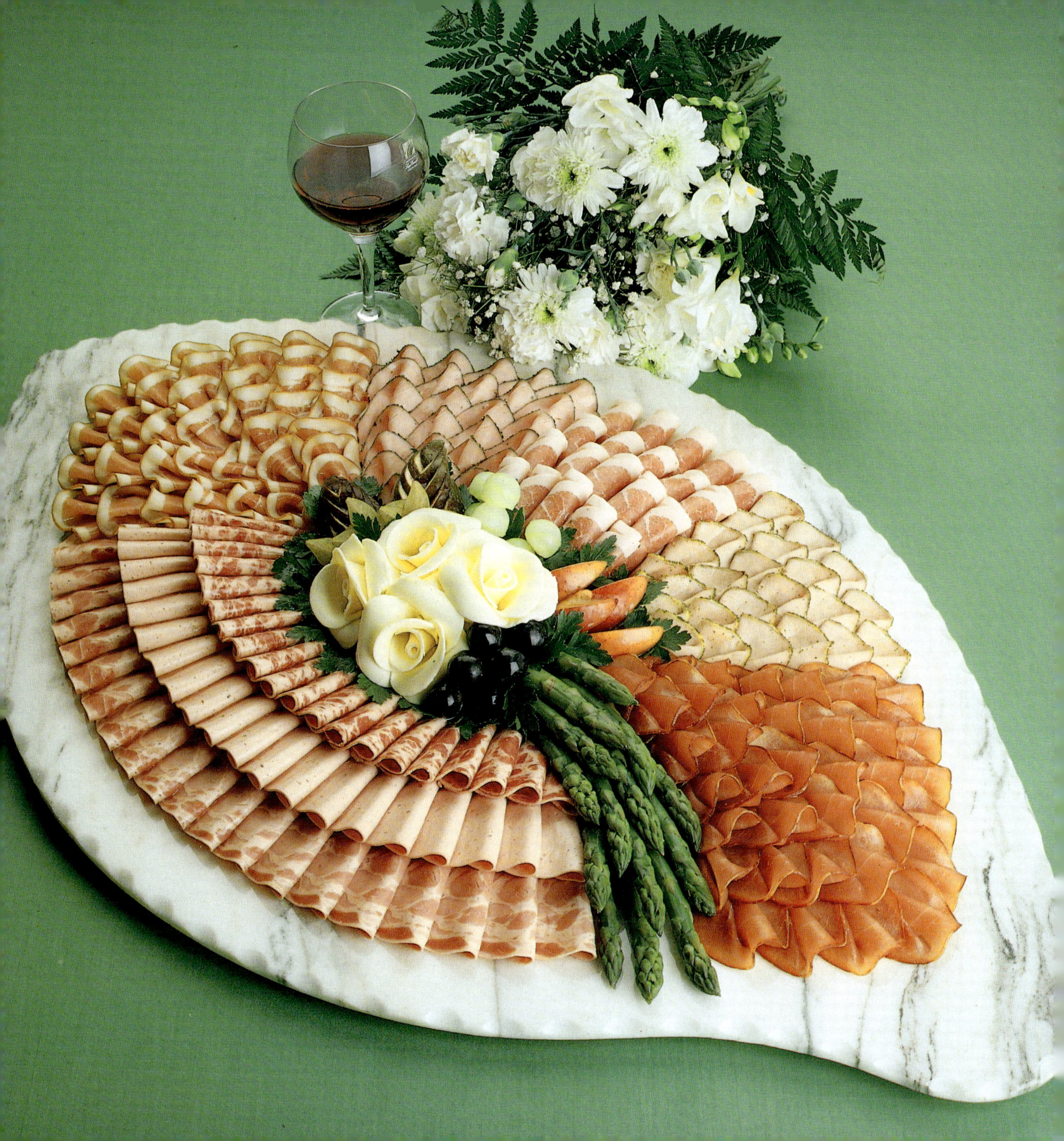

Eine wunderschöne Aufschnittplatte, auf der 9 verschiedene Schinken- und Wurstsorten geschmackvoll präsentiert werden: 47 Scheiben gekochter Schinken, 24 Scheiben roher Schinken, 22 Scheiben gefüllter Kalbskäse, 22 Scheiben Mortadella, 26 Scheiben Cervelatswurst, 20 Scheiben Wildschweinpastete, 10 Scheiben Paprikawurst und 10 Scheiben Bierschinken. Wirkungsvoll auch der Dekorationsmittelpunkt, bestehend aus 3 Butterrosen mit Dill verwirkt und 24 Melonenscheiben. Kritisiert wurde von der Jury: Kleine Mängel in der Linienführung, die Übergänge sind nicht deutlich erkennbar, die Scheiben sind schlecht abnehmbar. Aus diesem Grund erhielt diese Platte eine Silbermedaille.

Festliche Aufschnittplatte

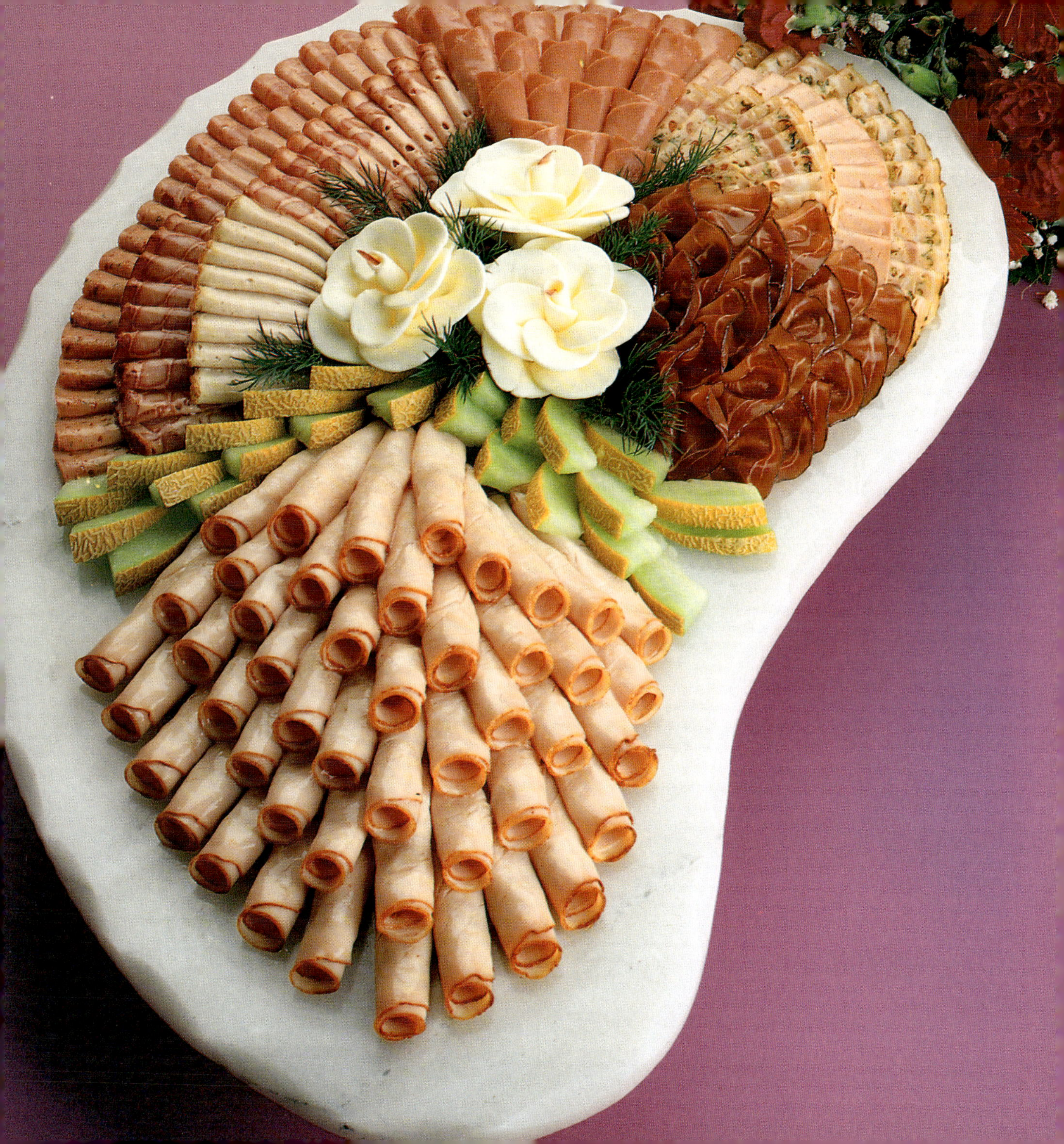

Mit einer Silbermedaille wurde dieses Schinken-Arrangement bewertet. Es besteht aus 22 Scheiben gekochtem Hinterschinken, 47 Scheiben Lachsschinken, 24 Scheiben Rindersaftschinken und 24 Scheiben heißgeräuchertem Schinken. Die Jury beanstandete die nicht in allen Bereichen exakte Legetechnik. Wirkungsvoll der Dekorationsmittelpunkt, der aus 13 Babyäpfeln, 2 gezackten Kiwis mit Cocktailkirschen besetzt, 22 Melonenspalten und einer blauen Traube besteht. Das Ganze ist mit Blattpetersilie garniert.

Festliche Schinkenplatte

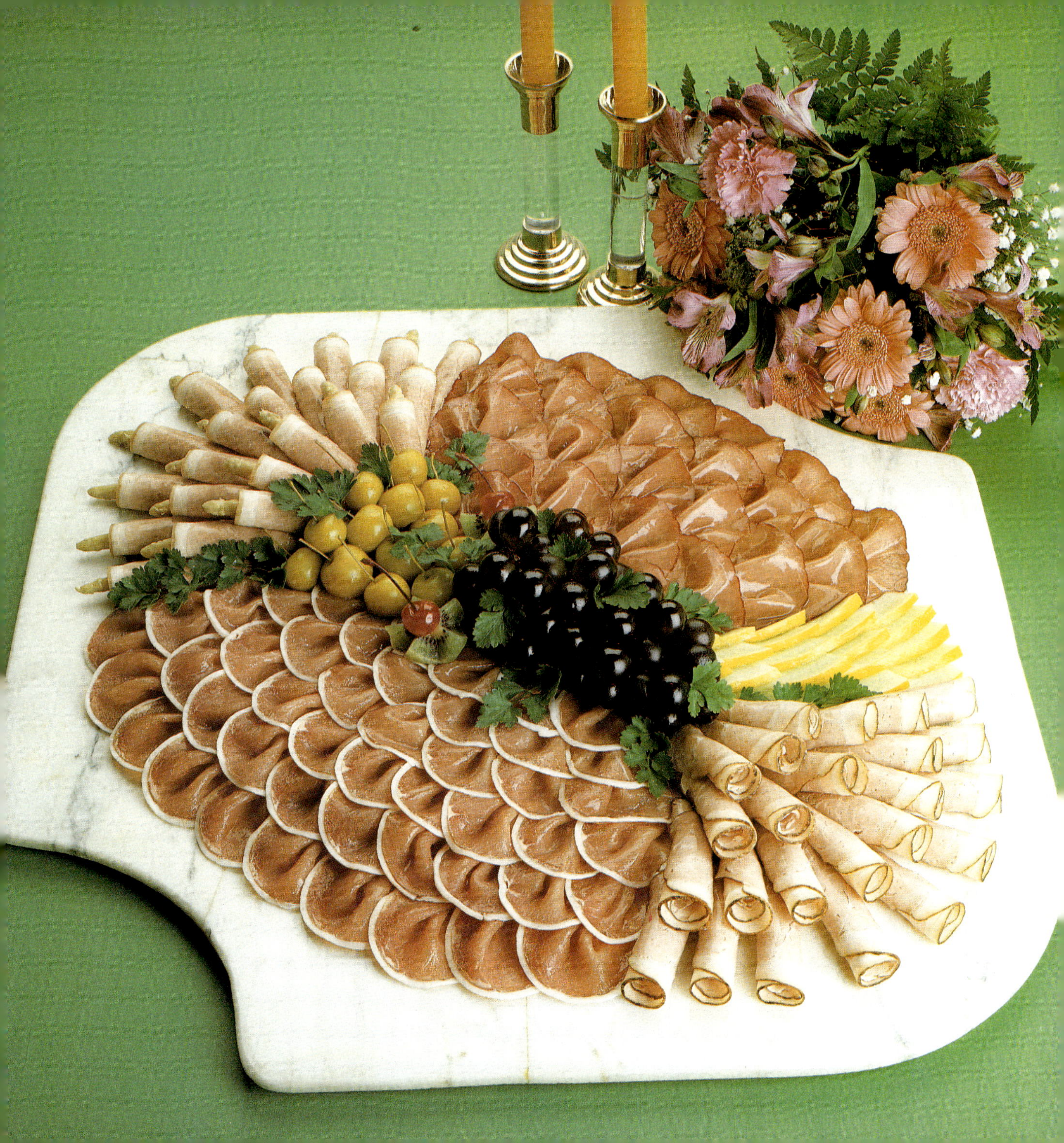

Diese Schinkenpräsentation konnte keine Medaille erzielen. Beanstandet wurde von der Jury: Materialfehler, fehlerhafte Butterrosen, eine zu einfache Präsentation, Mängel in der Linienführung und in der Legetechnik. Auch die gewünschte Warenvielfalt und -menge ließen zu wünschen übrig. Die Platte besteht aus 19 Scheiben gekochtem Hinterschinken, 26 Scheiben Lachsschinken, 24 Scheiben Bauernschinken und 24 Scheiben Schwarzwälder Schinken. Als Dekoration wurde gewählt: Kiwi in Scheiben, Erdbeeren, Spargel und Karambolascheiben. Die unterschiedlichen Farben der verwendeten Früchte tragen nicht zu einem harmonischen Gesamtarrangement bei.

Festliche Schinkenplatte

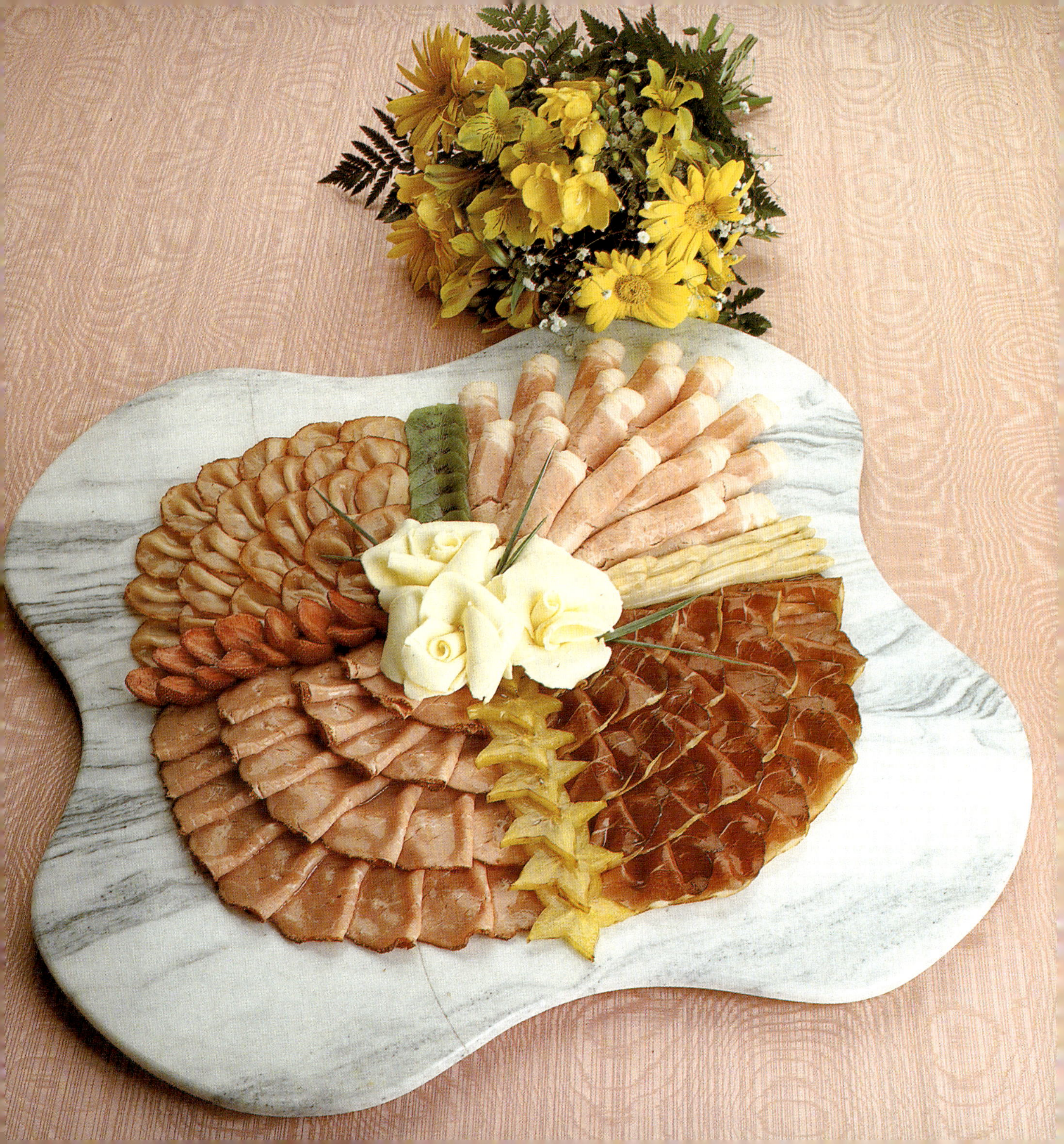

Diese Bratenplatte, bestehend aus 24 Scheiben Roastbeef, 24 Scheiben Putenbraten, 20 Scheiben Schweinebraten und 24 Scheiben Braten im Kräutermantel, erzielte eine Bronzemedaille – ohne Zweifel eine großzügige Bewertung für die Präsentation. Von der Jury kritisch vermerkt und mit Punktabzügen bedacht wurde die Übergarnierung, d.h. das Verhältnis der Dekoration zur angebotenen Ware. Die 4 Butterrosen, 6 Wassermelonenscheiben, die Kiwischeiben und die 6 aufgeschnittenen Erdbeeren als Dekoration sind überdies nicht exakt zugeordnet. Ferner monierte die Jury Materialfehler, zuviel Aspik beim Roastbeef, eine unharmonische Legetechnik und keine klare Linienführung.

Festliche Bratenplatte

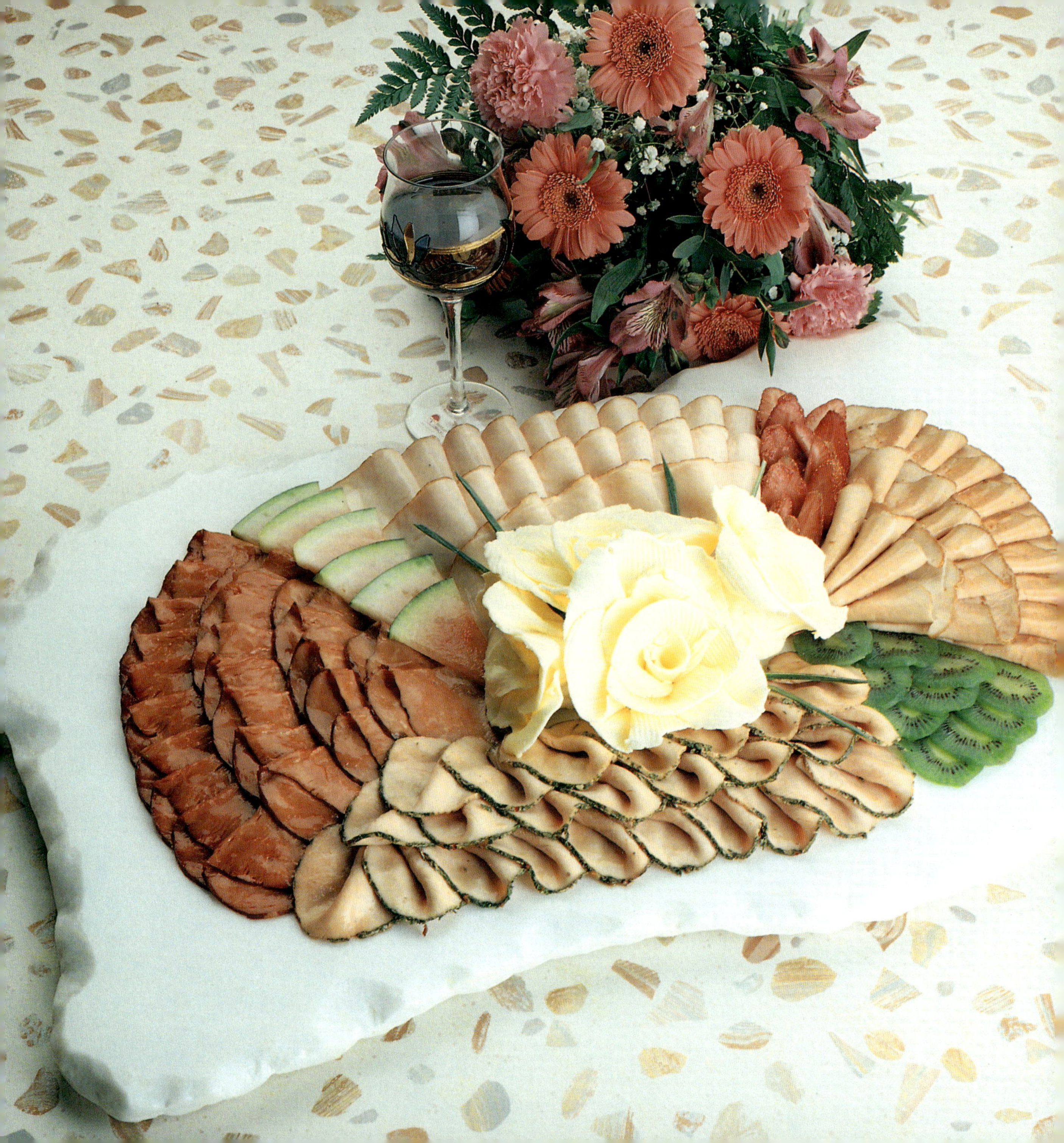

Eine sehr appetitliche und dekorative Braten-Schinkenplatte. Sie erhielt eine Bronzemedaille und dürfte damit im Vergleich zu anderen Bewertungen wohl etwas zu schlecht weggekommen sein. Die überaus kritische Jury sah Mängel in der Ausführung der Dekoration und registrierte eine nicht in allen Bereichen exakte Legetechnik und Linienführung. Sehr eindrucksvoll und beispielhaft ist die Sortenvielfalt. Es wurden für diese Platte verwandt: 27 Scheiben gekochter Schinken, 39 Scheiben Zigeunerbraten, 34 Scheiben Paprikabraten, 20 Scheiben Pfefferbraten, 36 Scheiben vom Kottelet und 36 Scheiben vom Schweinekamm. Die Dekoration besteht aus blauen Weintrauben, 16 Melonenscheiben, 3 aufgeschnittenen Erdbeeren, 12 Sternfruchtscheiben, 10 gezackten Feigen und 13 Kumquas mit Kirschen besetzt, das Ganze mit Dill und Rosmarinzweigen garniert.

Festliche Braten-Schinkenplatte

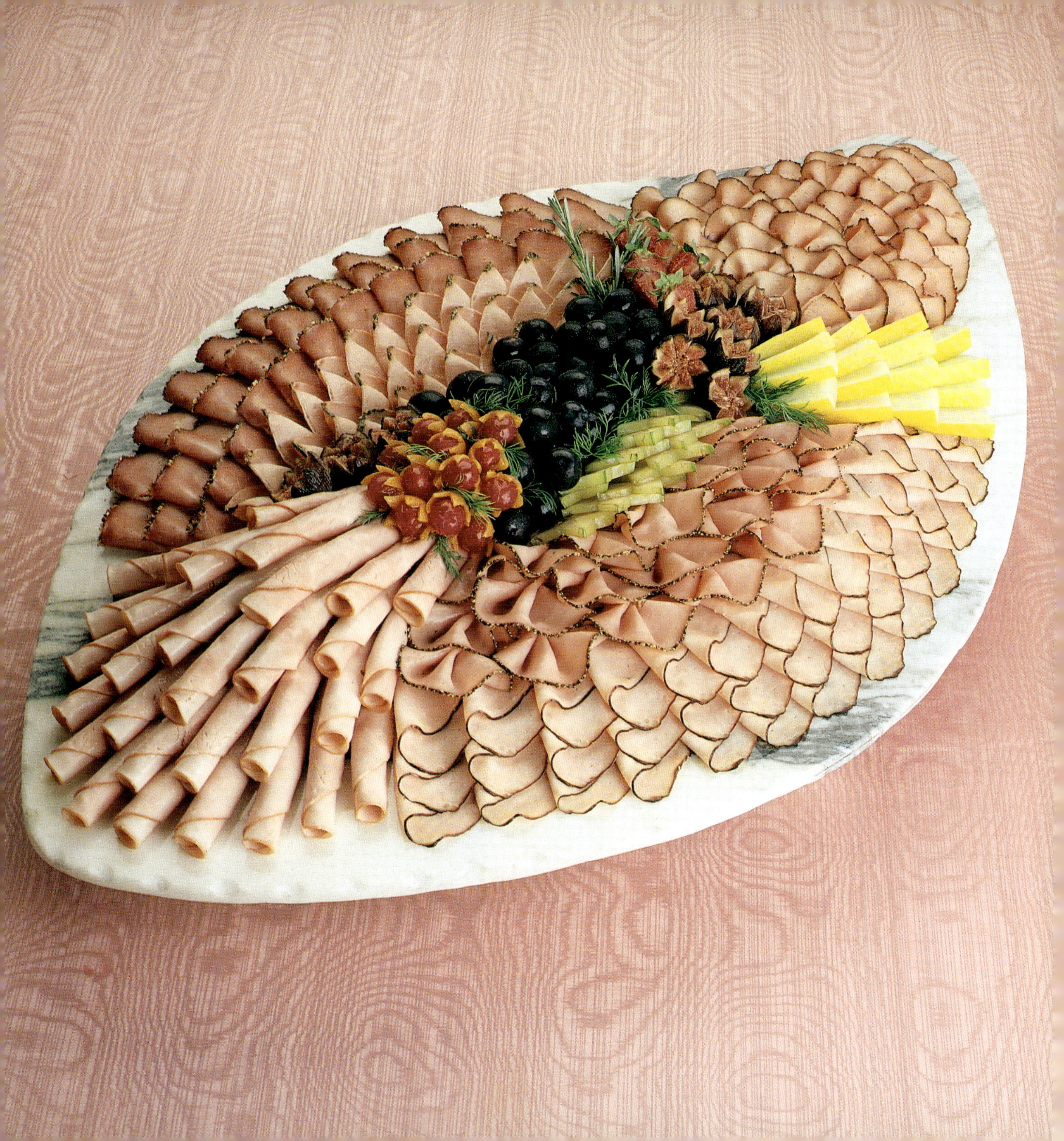

Diese Aufschnittplatte erhielt keine Medaille. Gründe dafür waren Mängel in der Linienführung und in der Legetechnik. Die Abstände sind nicht gleich. Auch die Materialauswahl ist wenig anspruchsvoll: Sechs verschiedene Wurst- und Schinkensorten sollten auf einer Aufschnittplatte schon angeboten werden. Die Dekoration ist absolut überladen und überdies nicht exakt und sorgfältig präsentiert.

Rustikale Aufschnittplatte

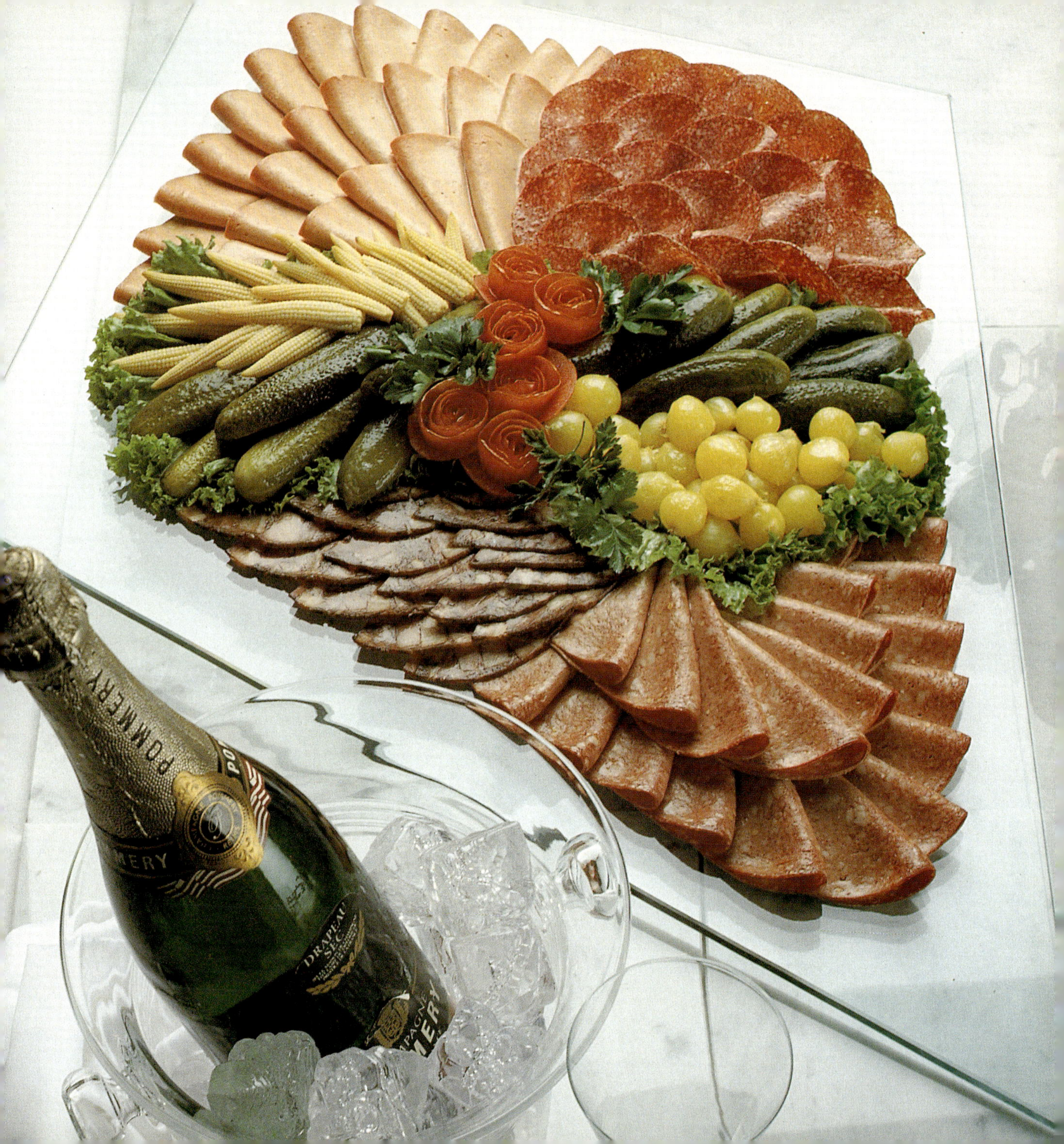
POMMERY
DRAPEAU
SEC

Diese Bratenkomposition mit 3 verschiedenen Bratensorten entspricht nicht den internationalen Anforderungen. Die Dekoration wirkt überladen, und es fehlt die nötige Exaktheit in der Ausführung. Dies trägt zu einem insgesamt unruhigen Gesamteindruck bei, dadurch sind Punktabzüge erforderlich. Mängel in der Legetechnik und in der Linienführung sind weitere Schwächen dieser Platte. Gleichwohl erhielt sie noch eine Bronzemedaille.

Festliche Bratenplatte

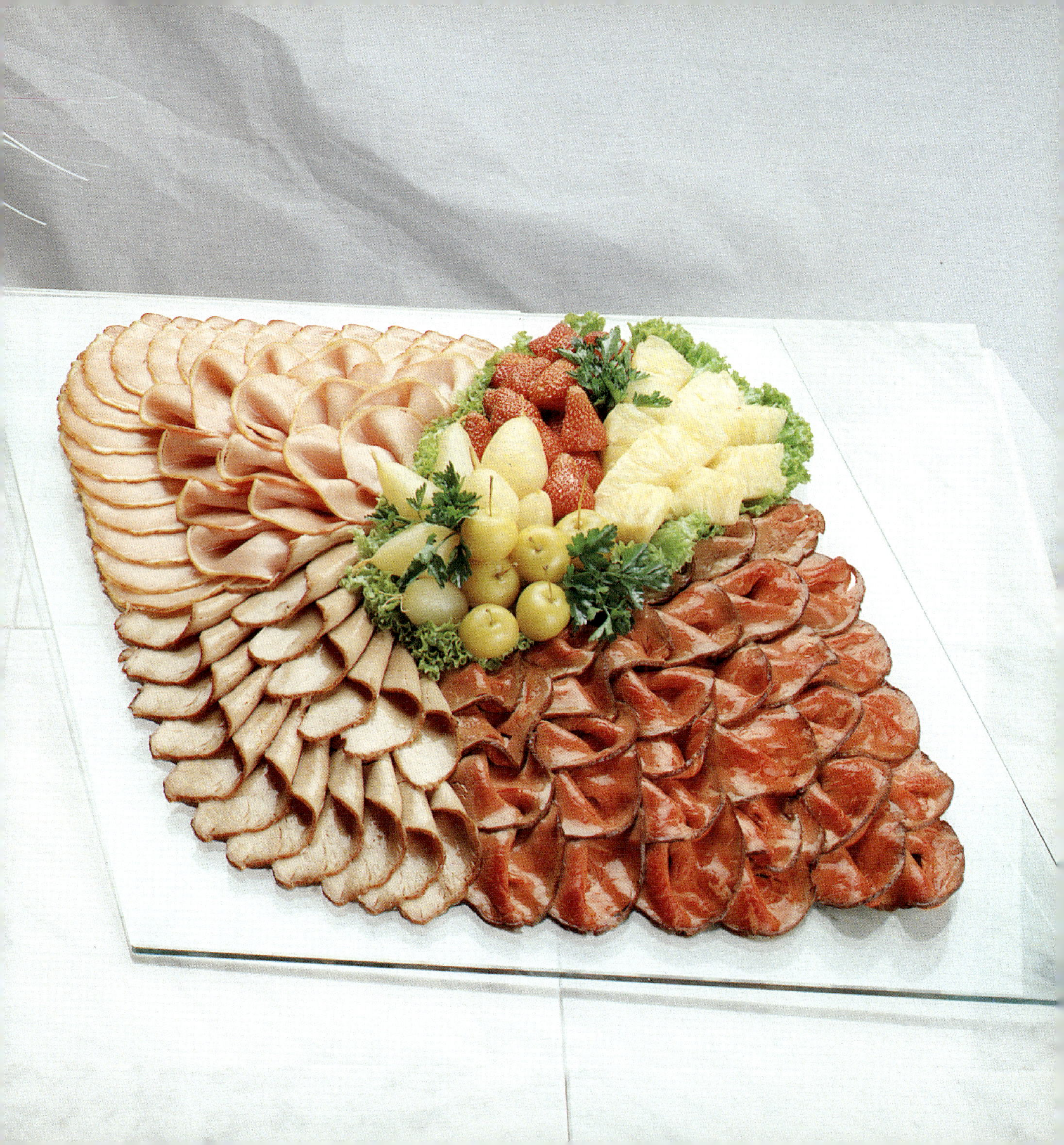

Schlicht und als Tagesplatte tausendfach verkauft, so möchte man diese Aufschnittplatte charakterisieren. Eindrucksvoll in der Sortenvielfalt, wie sie heute beim Alltagseinkauf vom Verbraucher auch gewünscht wird. Diese Platte enthält 10 Scheiben Presskopf, 10 Scheiben Rinderaufschnittwurst, 10 Scheiben Schinkenkrakauer, 10 Scheiben Göttinger, 10 Scheiben Kalbskäse, 10 Scheiben Rinderbierschinken, 10 Scheiben Jagdwurst, 15 Scheiben Gelbwurst und 12 Scheiben Paprikalyoner. Dazu passend die Beilagen und Garnierung, bestehend aus Cornichons, Maiskölbchen, Cherry-Tomaten, Silberzwiebeln, das Ganze unterlegt mit Blattsalat. Diese sehr schöne Platte erhielt eine Bronzemedaille.

Festliche Aufschnittplatte

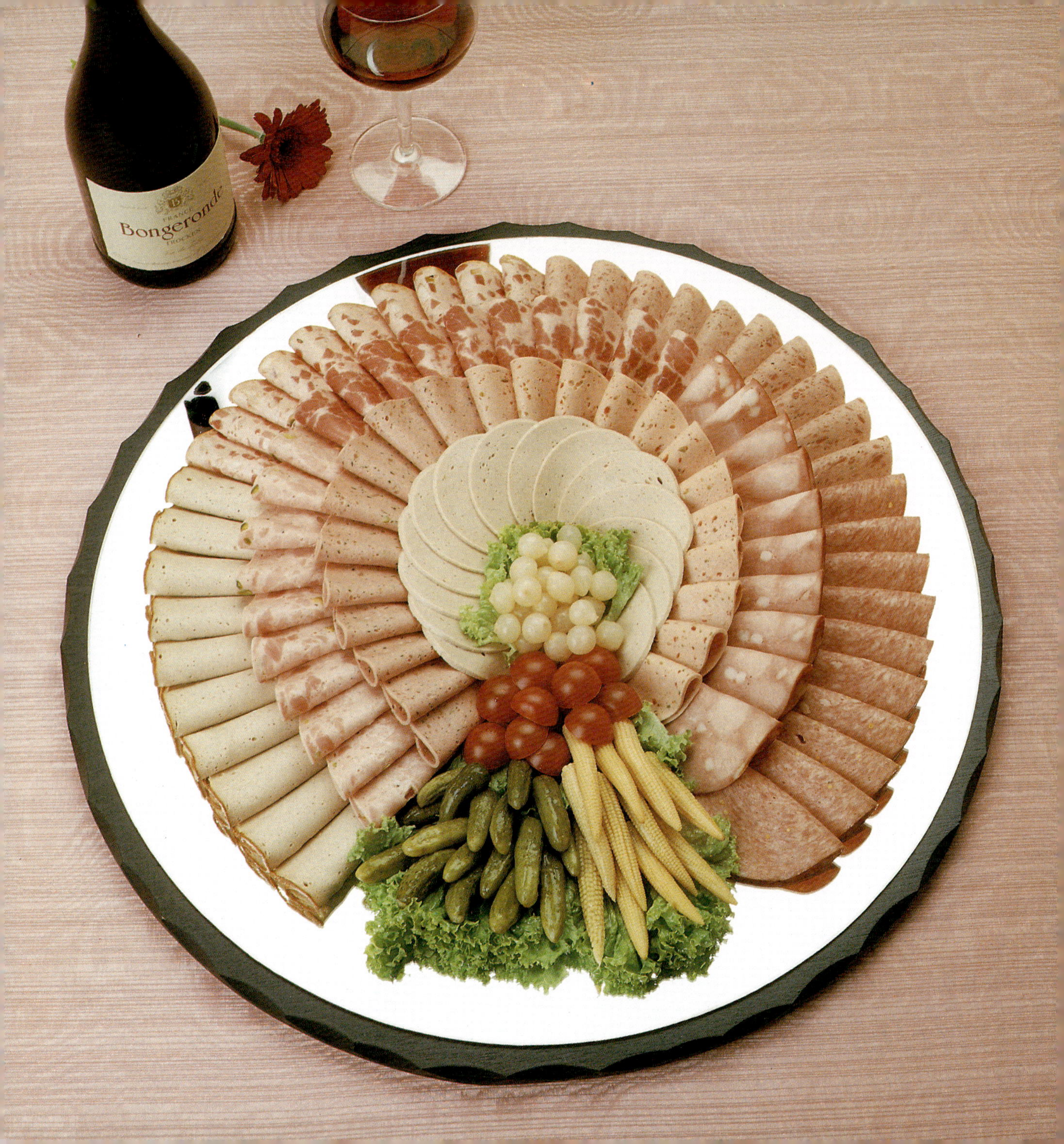
Bongeronde

Dieses Schinkenarrangement, wohl als Schauplatte gedacht, wird im Rahmen eines Kalten Buffets ohne Zweifel die nötige Aufmerksamkeit erregen. Als Einzelstück kann sie jedoch nicht überzeugen und blieb daher ohne Auszeichnung. Die Legetechnik ist nicht genügend ausgeprägt, die Maiskölbchen sind nicht sorgfältig genug in den Schinkenscheiben eingerollt, die Längen sind unterschiedlich. Dazu kommen Materialfehler, so daß diese Platte keine Medaille erzielen konnte.

Festliche Schinkenplatte

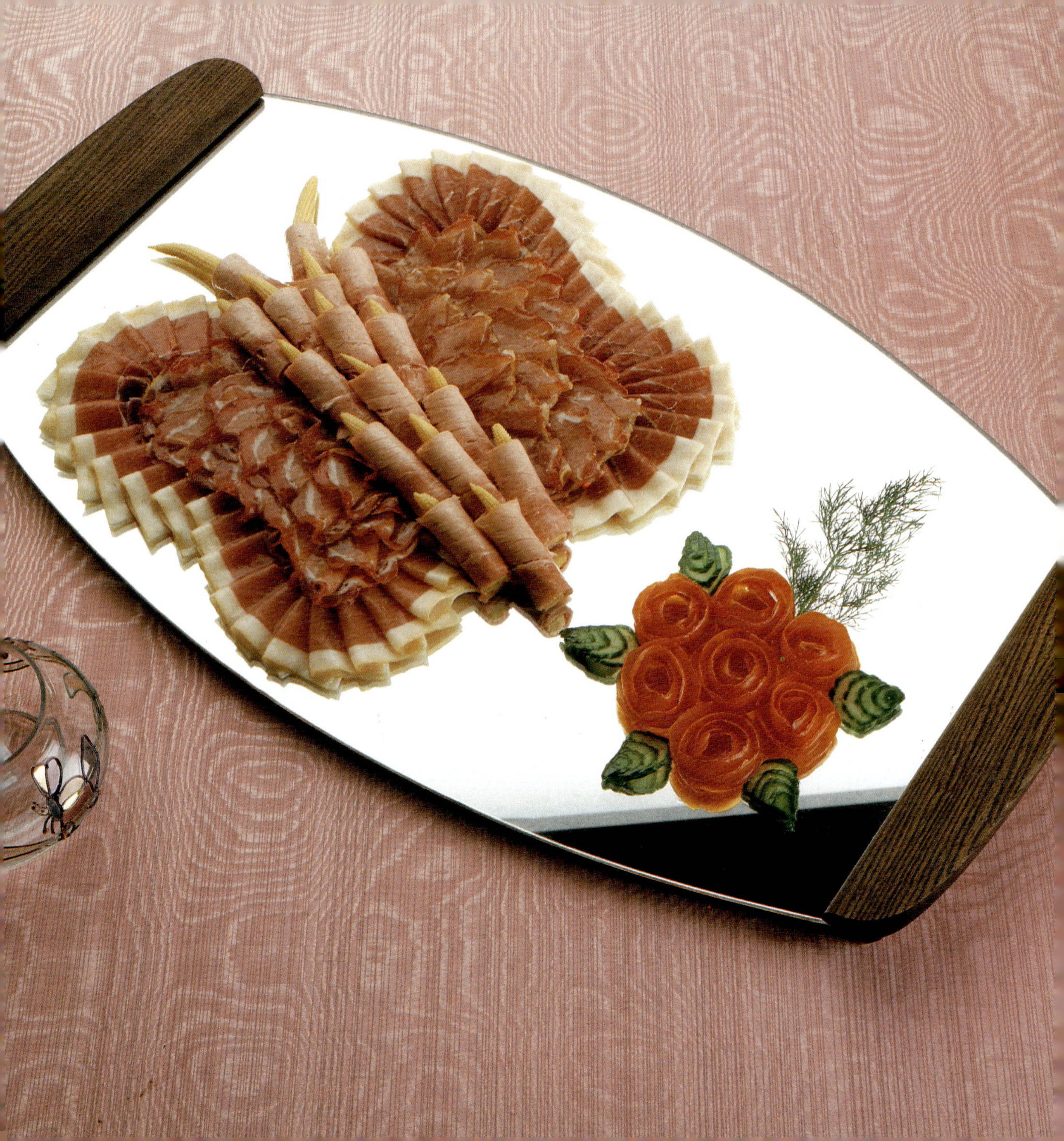

Diese Bratenplatte, auf Spiegel präsentiert, konnte die internationale Jury nicht überzeugen. Grobe Mängel in der Legetechnik, der Linienführung und verschiedene Materialfehler ließen eine Auszeichnung der Platte nicht zu. Wenig dekorativ und nicht exakt genug in der Ausführung wurde auch die Dekoration bewertet.

Festliche Bratenplatte

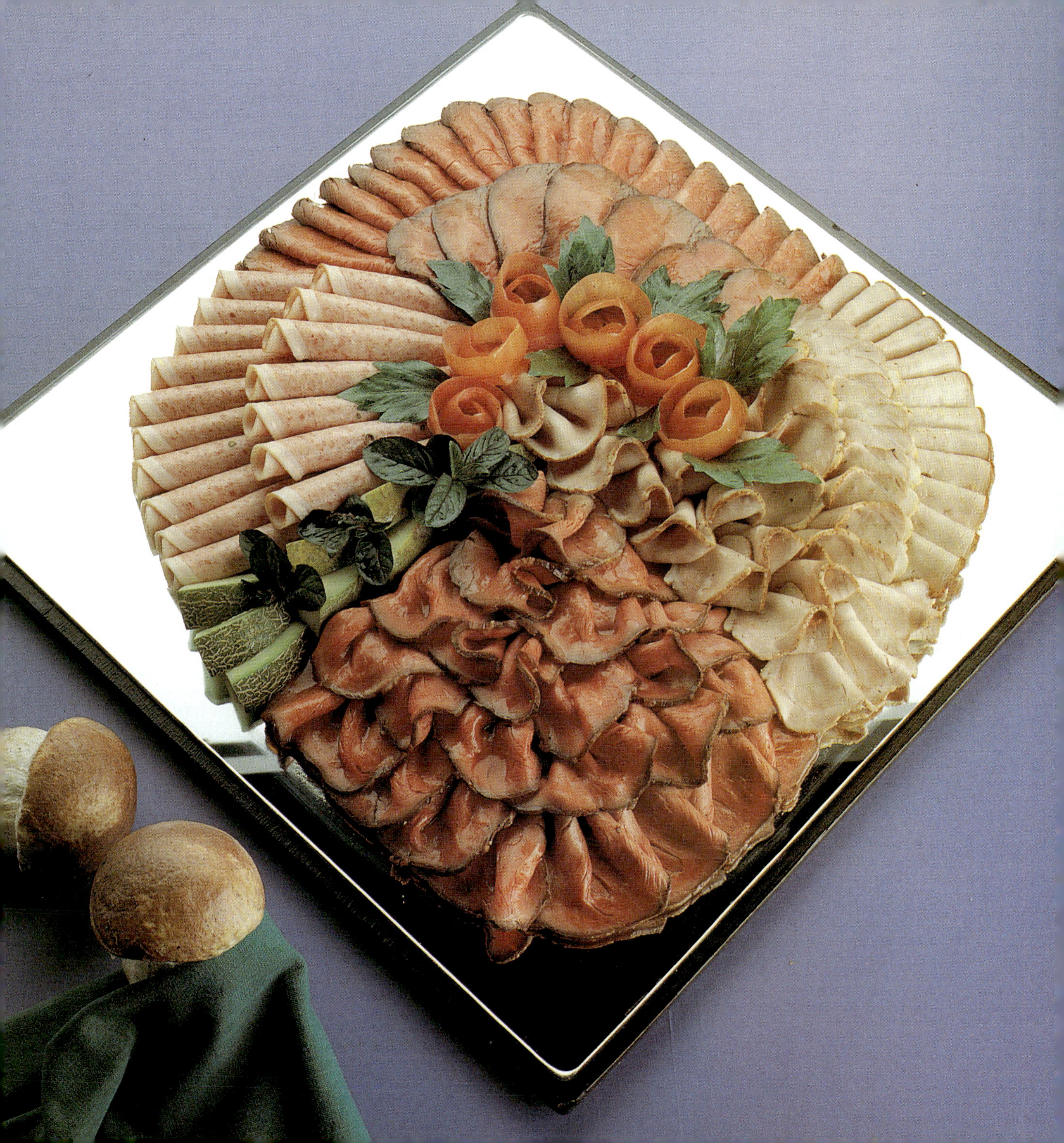

Dieses Schinkenarrangement wurde – wohl etwas zu großzügig – mit einer Silbermedaille bewertet. Die Platte besteht aus 28 Scheiben Schwarzwälder Schinken, 19 Scheiben Nußschinken, 14 Scheiben Schinken und 17 Scheiben Kasseler. Sie ist insgesamt zu farblos und läßt eine klare Linienführung vermissen. Auch die Dekoration, bestehend aus Ananasspalten, Erdbeeren, Sternfrüchten, blauen und grünen Weintraubendolden, müßte sorgfältiger angeordnet werden.

Festliche Schinkenplatte

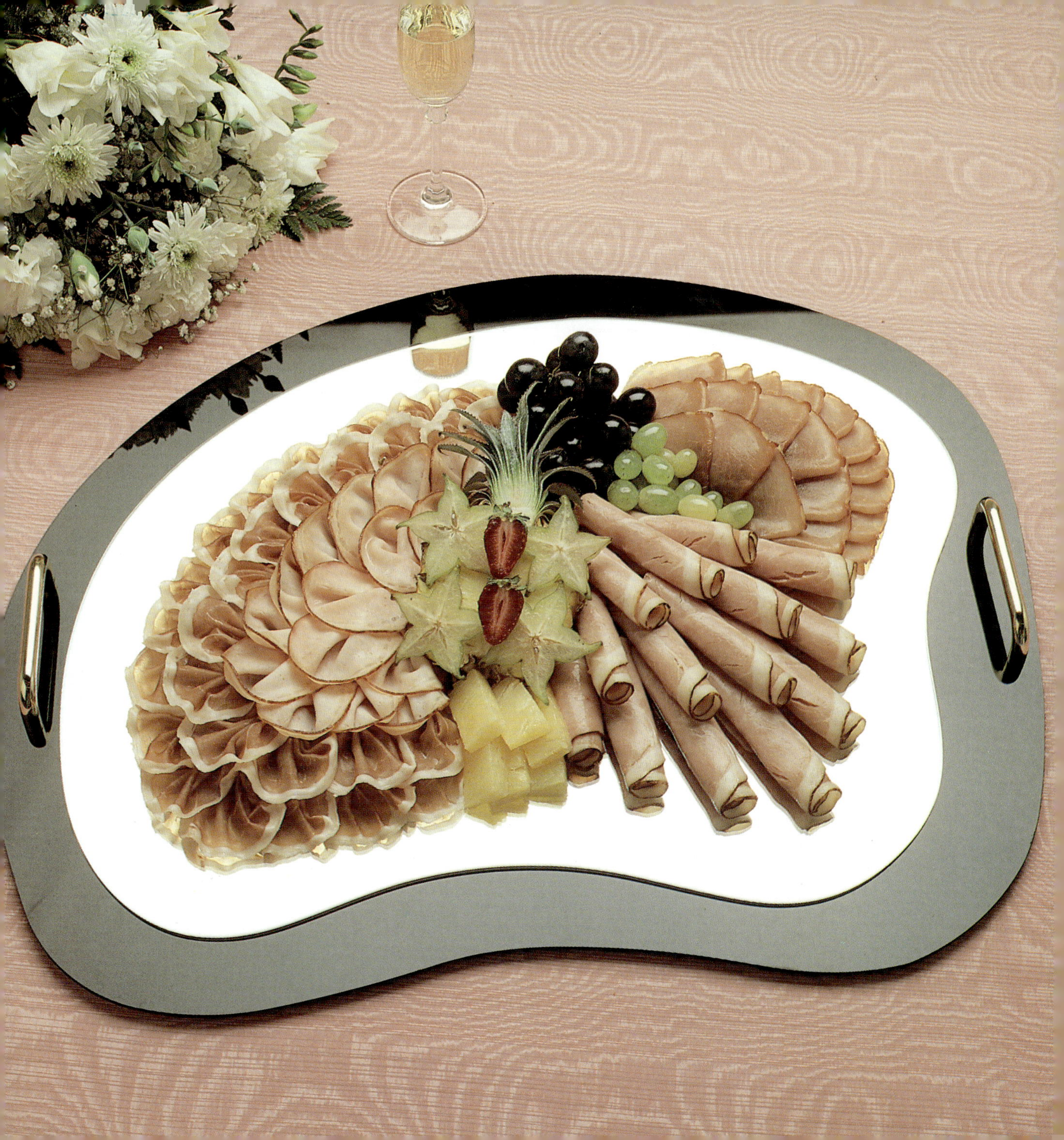

Fünf verschiedene Schinkensorten, präsentiert auf einem Spiegel, machen noch kein Meisterwerk aus. Die hier abgebildete Arbeit ist in der Präsentation zu farblos. Der Spiegelfond ist außerdem ungenügend ausgelegt. Hinzu kommen einige kleine Materialfehler. Die Platte blieb daher ohne besondere Auszeichnung.

Festliche Schinkenplatte

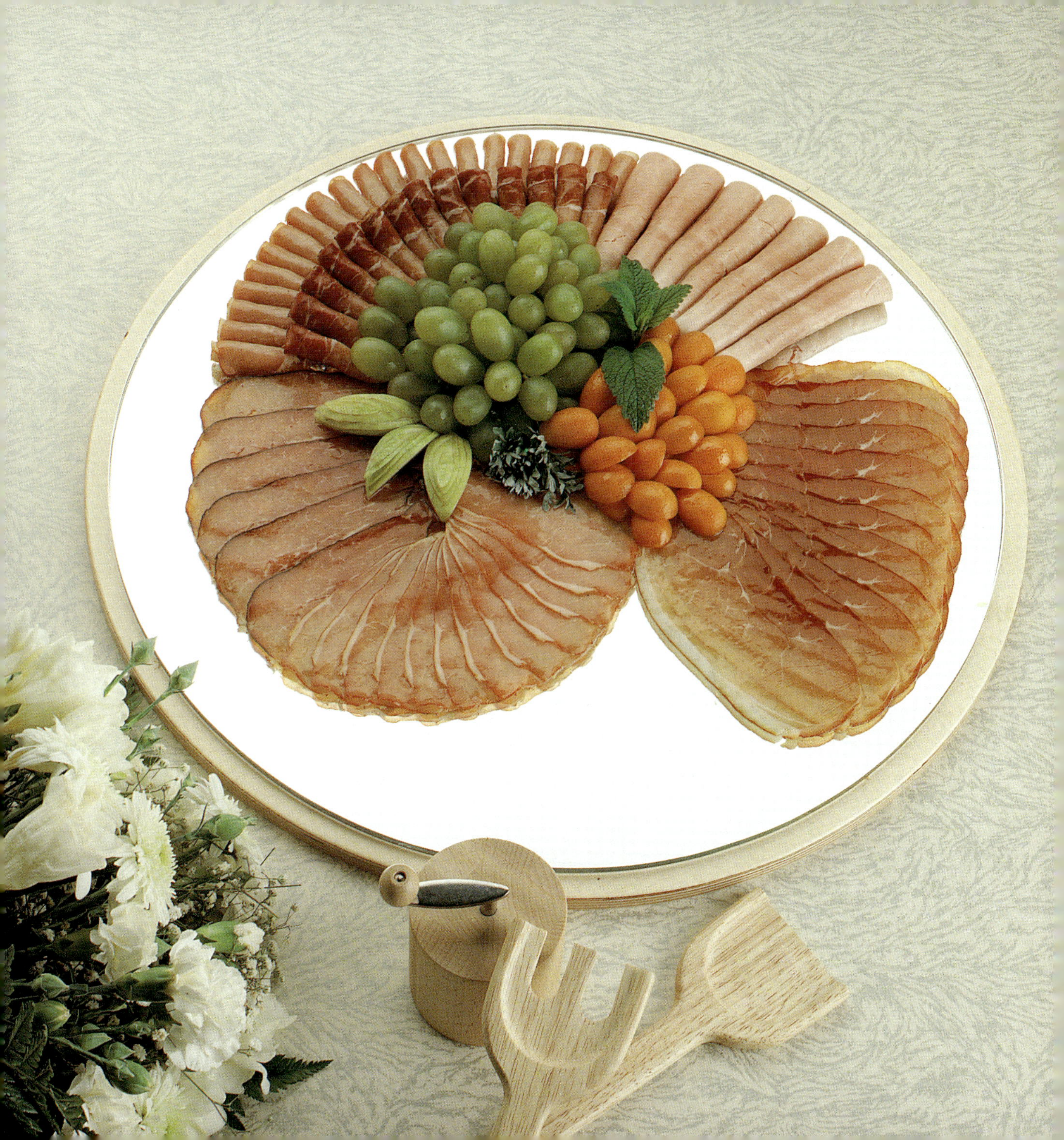

Eine elegante Schinkenplatte, wirkungsvoll auf einer Spiegelplatte präsentiert. Sie besteht aus 30 Scheiben Schinken, 19 Scheiben Rinderschinken, 42 Scheiben gekochtem Hinterschinken und 48 Scheiben geräuchertem Schinken. Die Dekoration besteht aus aufgeschnittenen Cocktailbirnen und Kiwis mit Traubenecken. Die Jury hielt die Platte für insgesamt zu überladen. »Unruhiger Gesamteindruck« war das Urteil. Die Dekoration ist weder exakt noch besonders anspruchsvoll ausgeführt. Diese Schinkenplatte erhielt deshalb nur eine Bronzemedaille.

Festliche Schinkenplatte

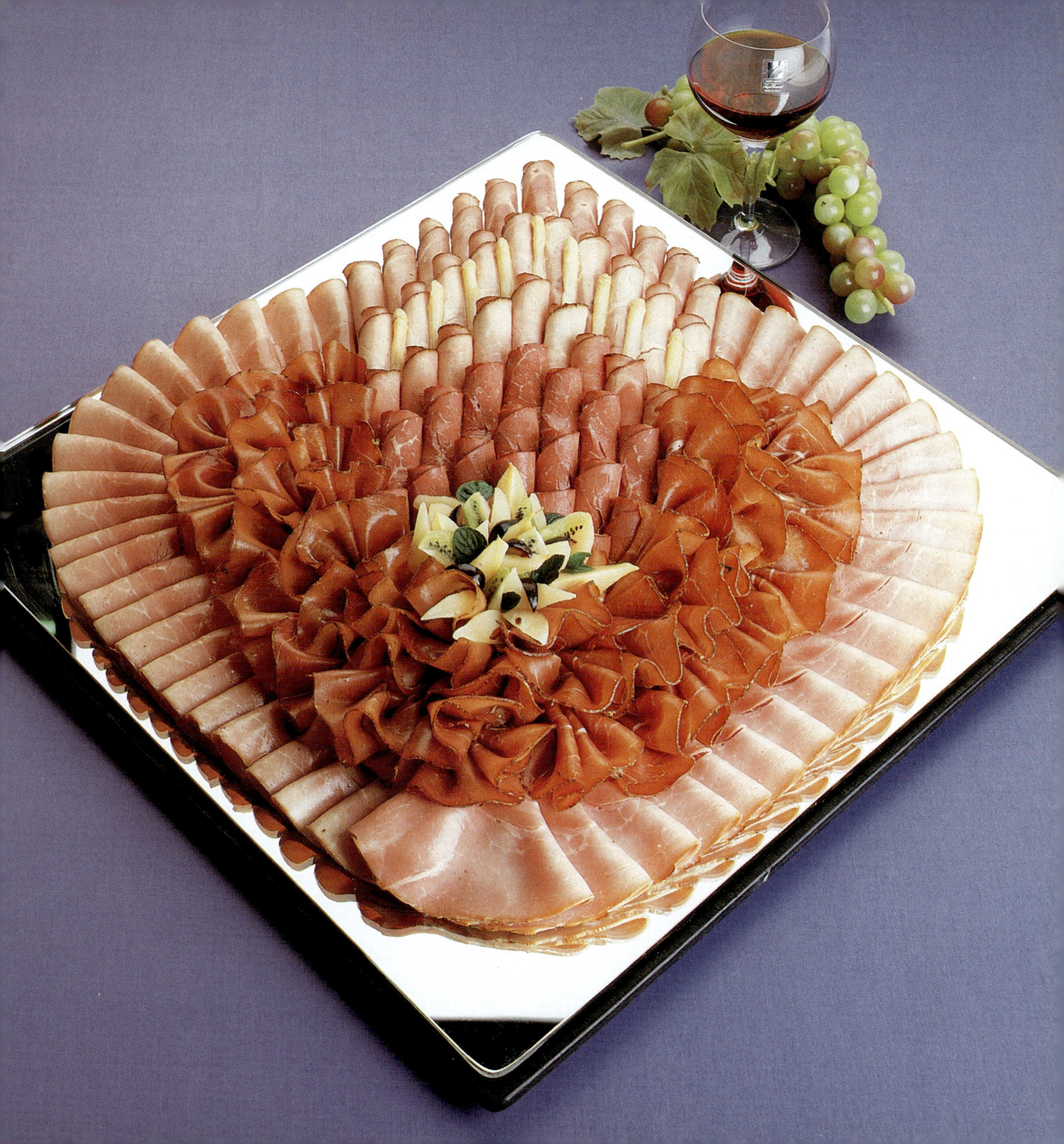

Ein wunderschönes Schinkenbukett, geradezu künstlerisch auf einem Spiegeluntergrund präsentiert. Diese Arbeit ist harmonisch in der Linienführung und überzeugend in der farblichen Zusammenstellung. Die vier verschiedenen Schinkensorten heben sich sehr eindrucksvoll von dem Spiegelfond ab. Dennoch gab es Punktabzüge, weil nach Auffassung der Jury die Scheiben schlecht abnehmbar sind, die Dekoration etwas zu wuchtig geraten und auch nicht ganz exakt angeordnet ist. Außerdem wurden kleine Mängel beim Zuschnitt der Ware festgestellt. Sie erhielt eine Bronzemedaille.

Festliche Schinkenplatte

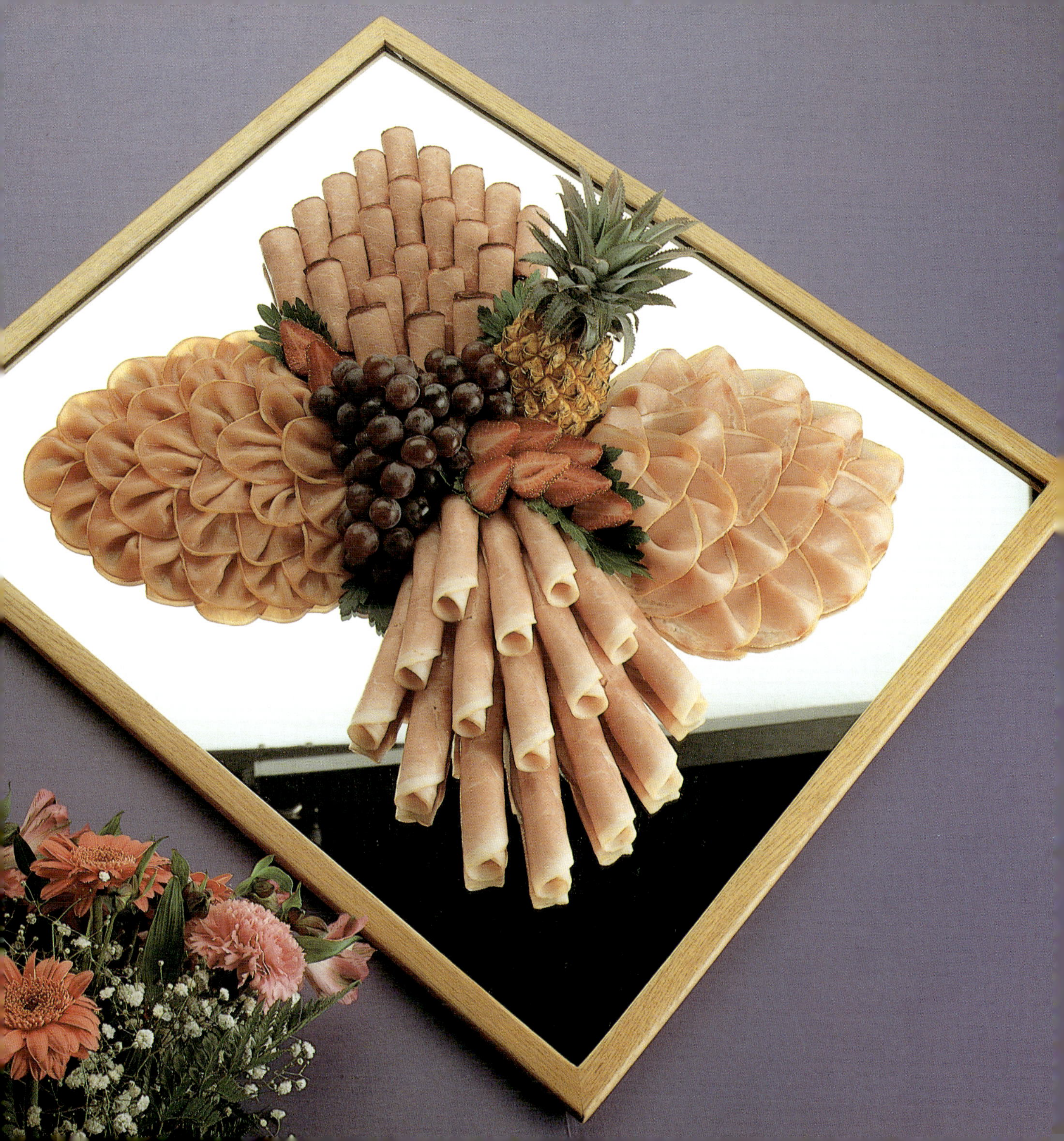

Eine Silbermedaille erhielt diese Schinkenplatte. Eine mehr als großzügige Bewertung für diese Arbeit. Die Dekoration ist wenig anspruchsvoll und im Verhältnis zur Ware überdimensioniert. Die Abstände zum Plattenrand sind ungleich. Auch Mängel in der Legetechnik sind bei dieser Arbeit nicht zu übersehen.

Festliche Schinkenplatte

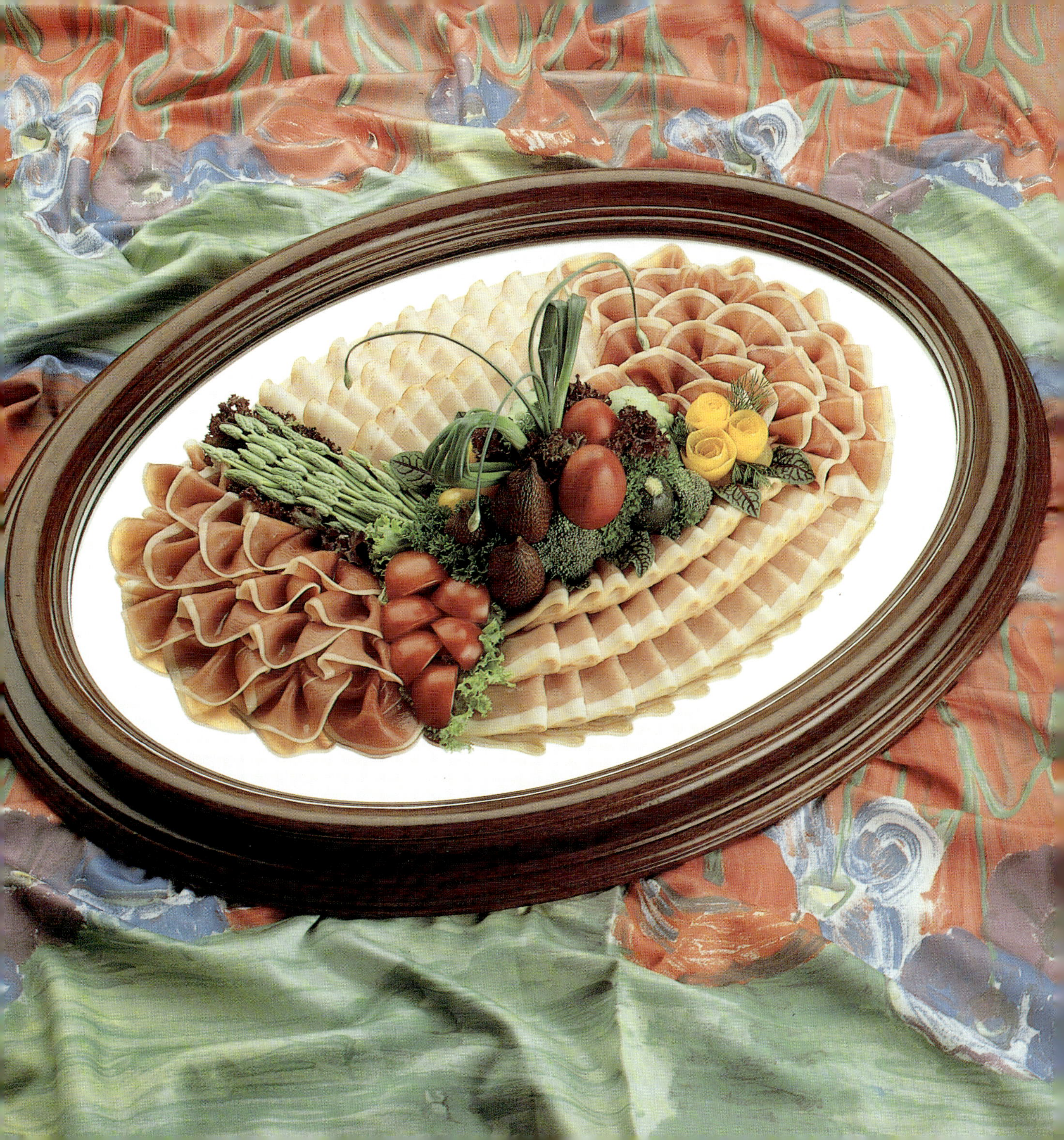

Eine festliche Bratenkomposition auf einem Spiegel wirkungsvoll präsentiert. In der Gesamtkomposition ist dieses Arrangement jedoch zu einfach, so lautete das Urteil der Jury. Materialfehler und wenig anspruchsvolle Dekoration, bestehend aus 4 Tomaten mit Blattpetersilie unterlegt, bedingten Punktabzüge. Die Platte aus 46 Scheiben Roastbeef, 26 Scheiben Kalbsbraten und 52 Scheiben Schweinebraten erhielt eine Bronzemedaille.

Festliche Braten-Roastbeefplatte

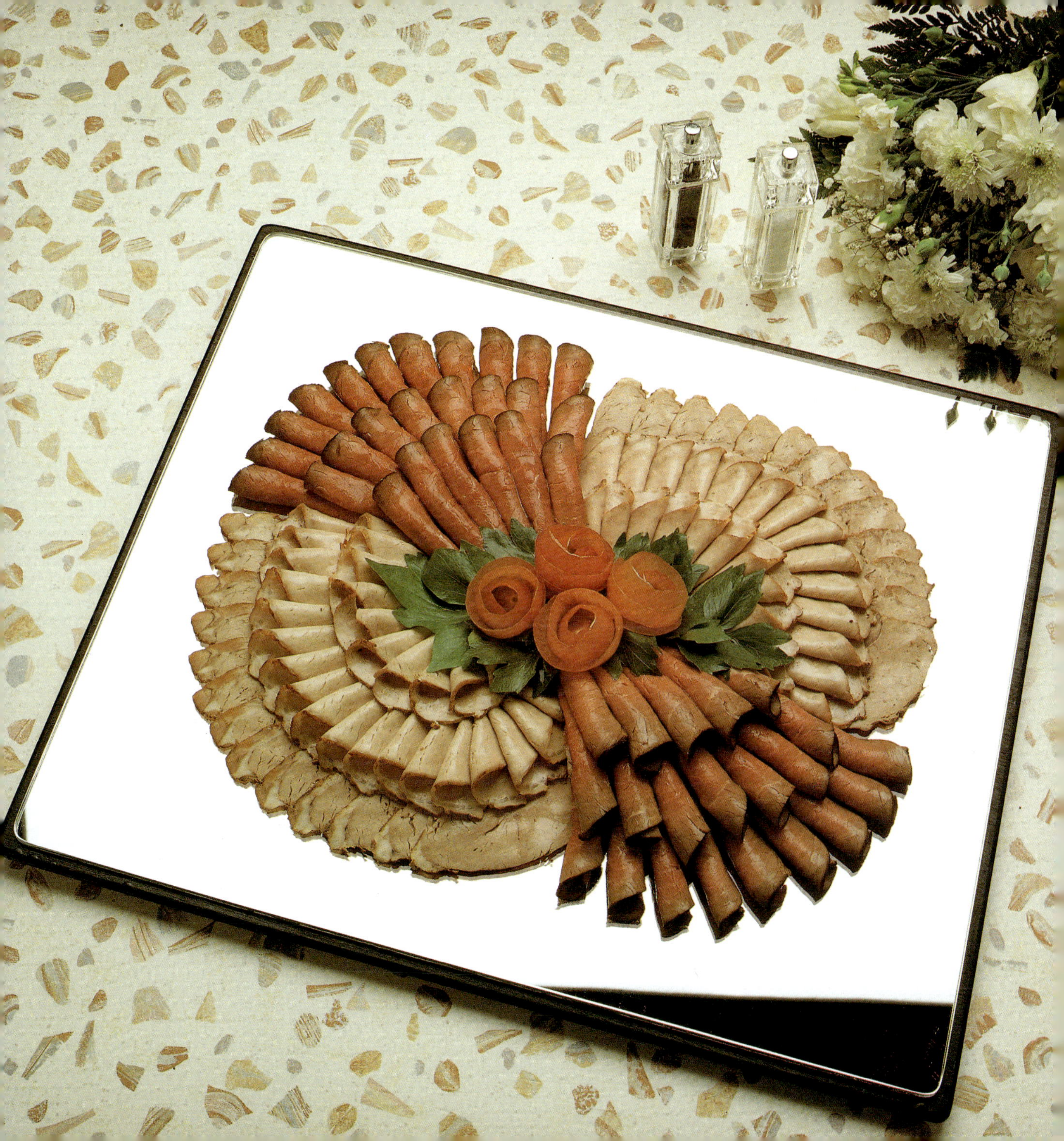

Diese Schinkenplatte, präsentiert auf einem Spiegeluntergrund, wurde mit einer Bronzemedaille ausgezeichnet. Eine großzügige Bewertung angesichts der zahlreich vermerkten Fehler, darunter die nicht exakte Garnierung, kleine Materialmängel beim gekochten Schinken und der nicht ausreichend ausgelegte Plattenfond. Auch die Linienführung dieses Schinkenarrangements ist nicht überzeugend. Ansprechend hingegen die angebotene Sortenvielfalt, bestehend aus 18 Scheiben Hinterschinken, 12 Scheiben Nußschinken, 17 Scheiben gekochtem Kasseler, 20 Scheiben Lachsschinken, 20 Scheiben Hüftschinken und 20 Scheiben Knochenschinken.

Festliche Schinkenplatte

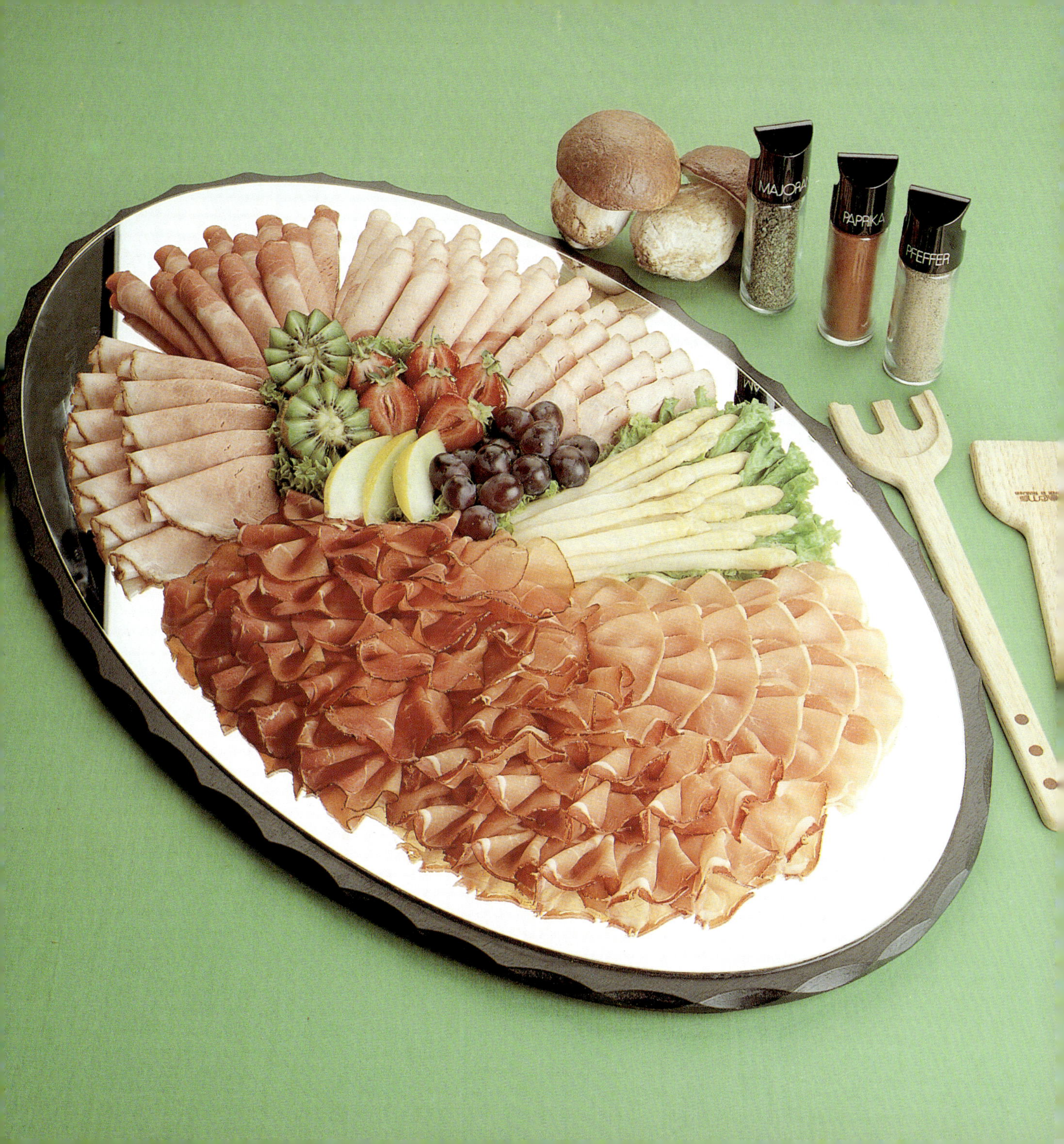
MAJORAN
PAPRIKA
PFEFFER

Eine sehr elegant wirkende und überaus exakt gelegte Bratenplatte, die auch beim Verbraucher ankommt. Sie verpaßte nur ganz knapp eine Silbermedaille. Eine überaus kritische Jury entdeckte bei der Dekoration unexakte Anordnung der Erdbeeren, kleinere Materialmängel und Abstriche bei der Materialauswahl. Als gelungen angesehen wurden die 3 Butterrosen mit Blattpetersilie verwirkt. Imponierend auch die farbliche Kontrastierung und die Vielzahl der angebotenen Bratensorten.

Festliche Bratenplatte

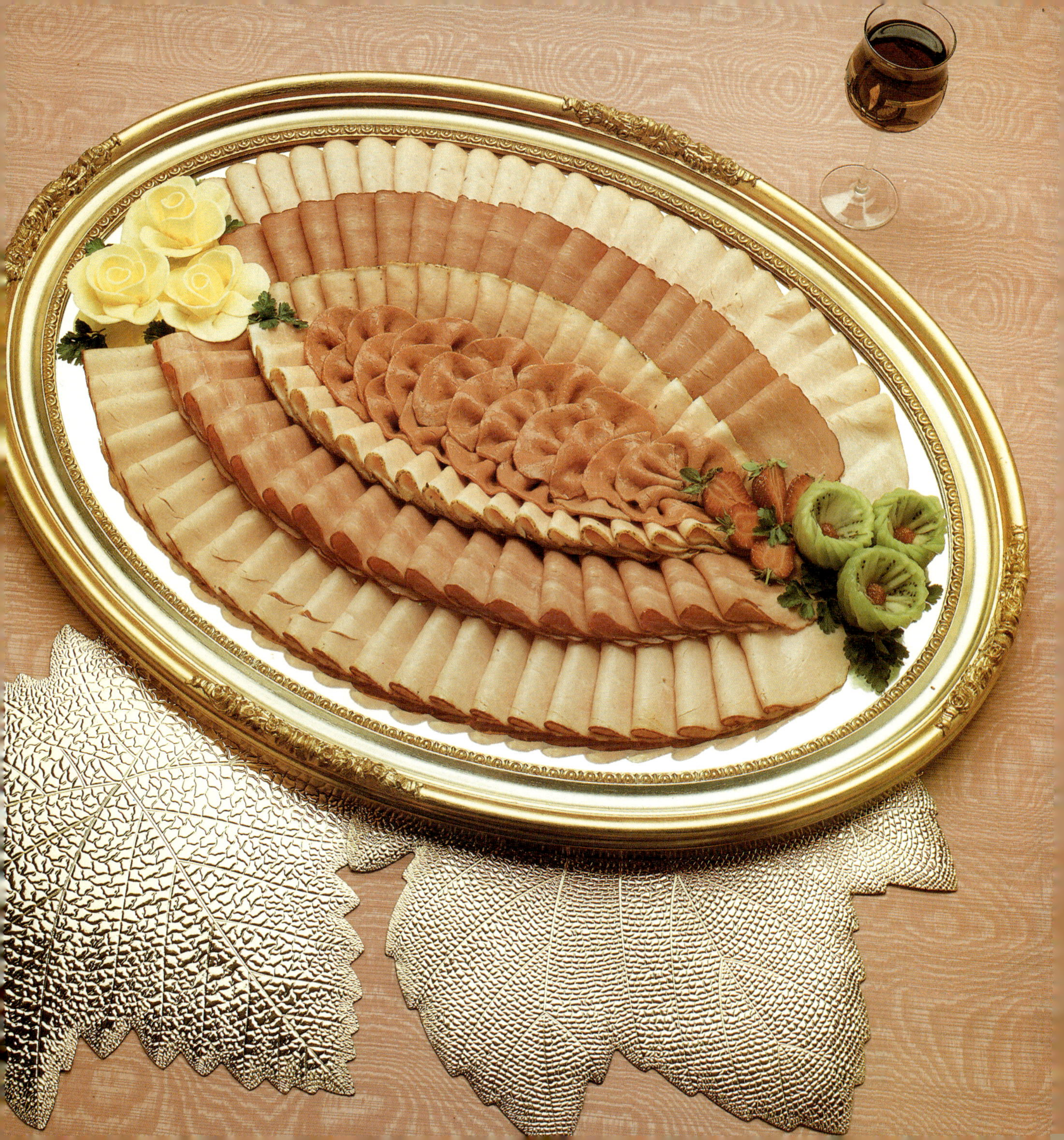

Eine Bronzemedaille erhielt diese sehr schöne Schinkenkomposition. Die vier verschiedenen Schinkensorten, 52 Scheiben Grillschinken, 35 Scheiben Nußschinken, 30 Scheiben Lachsschinken und 30 Scheiben Kräuterlachsschinken, heben sich auch farblich hervorragend von dem Spiegel ab. 9 Birnen mit Zitronenmelisse und Petersilie unterlegt sowie 19 Melonenschnitten bilden den Dekorationsmittelpunkt. Kritik der Jury: Die Scheiben sind schlecht abnehmbar, die Linienführung ist nicht in allen Teilen klar erkennbar, kleinere Materialfehler. Blattpetersilie und Zitronenmelisse als Garnierung werden in diesem Fall nicht als passend angesehen.

Festliche Schinkenplatte

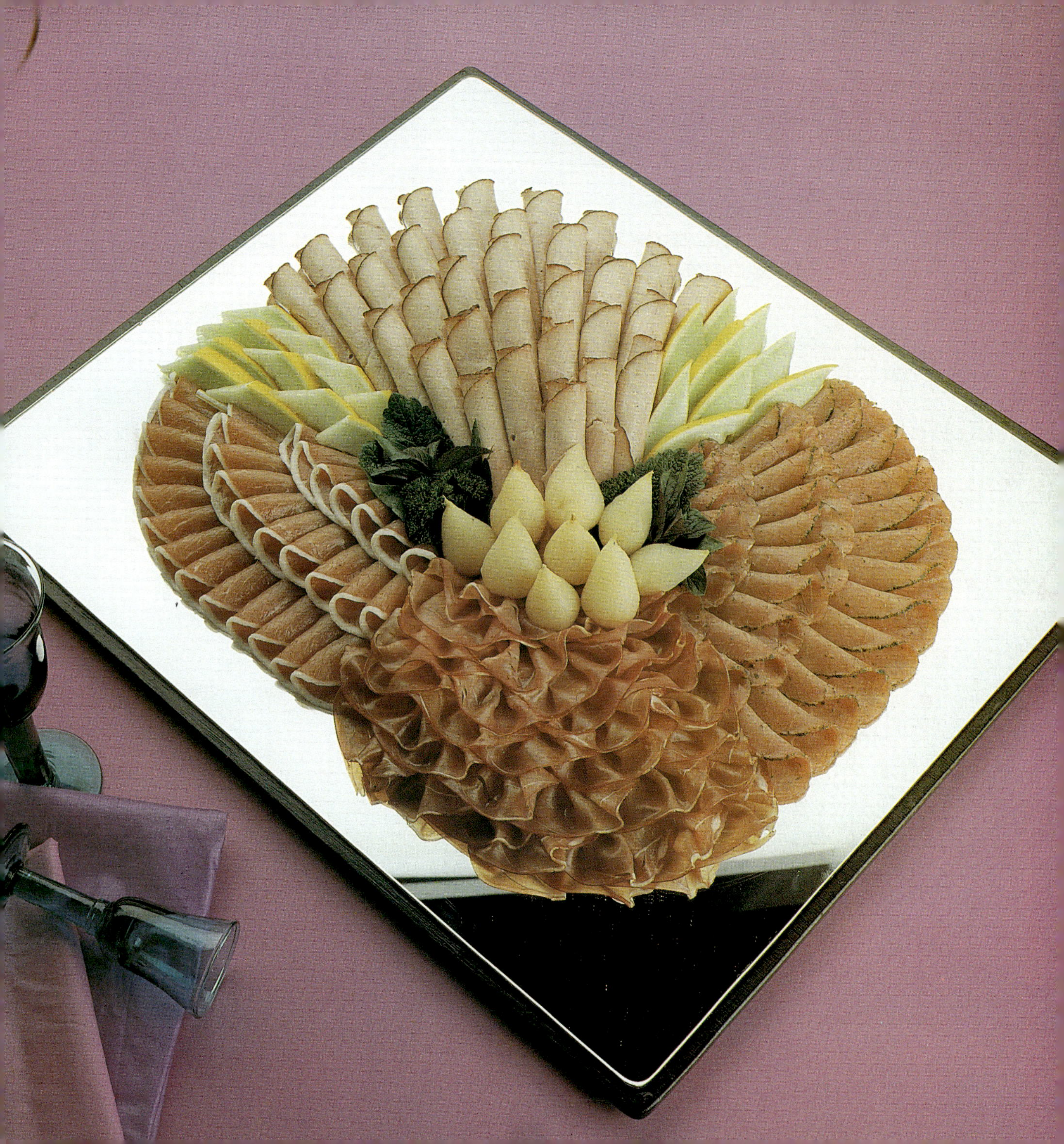

Eine Aufschnittkomposition, die sich in ihrer Eleganz kaum noch überbieten läßt. Ein Kunstwerk in der Präsentation und Darbietung. Allein 8 verschiedene Wurst-, Schinken- und Bratensorten werden angeboten. Elegant auch der Dekorationsmittelpunkt, bestehend aus 8 wunderschönen Butterrosen mit Dill garniert sowie grünem und weißem Spargel. Dieses Aufschnittarrangement auf Spiegel präsentiert erhielt uneingeschränkt eine Goldmedaille. Einziger Kritikpunkt der Jury: etwas zu überladen. Den Verbraucher wird es freuen.

Festliche Aufschnittplatte

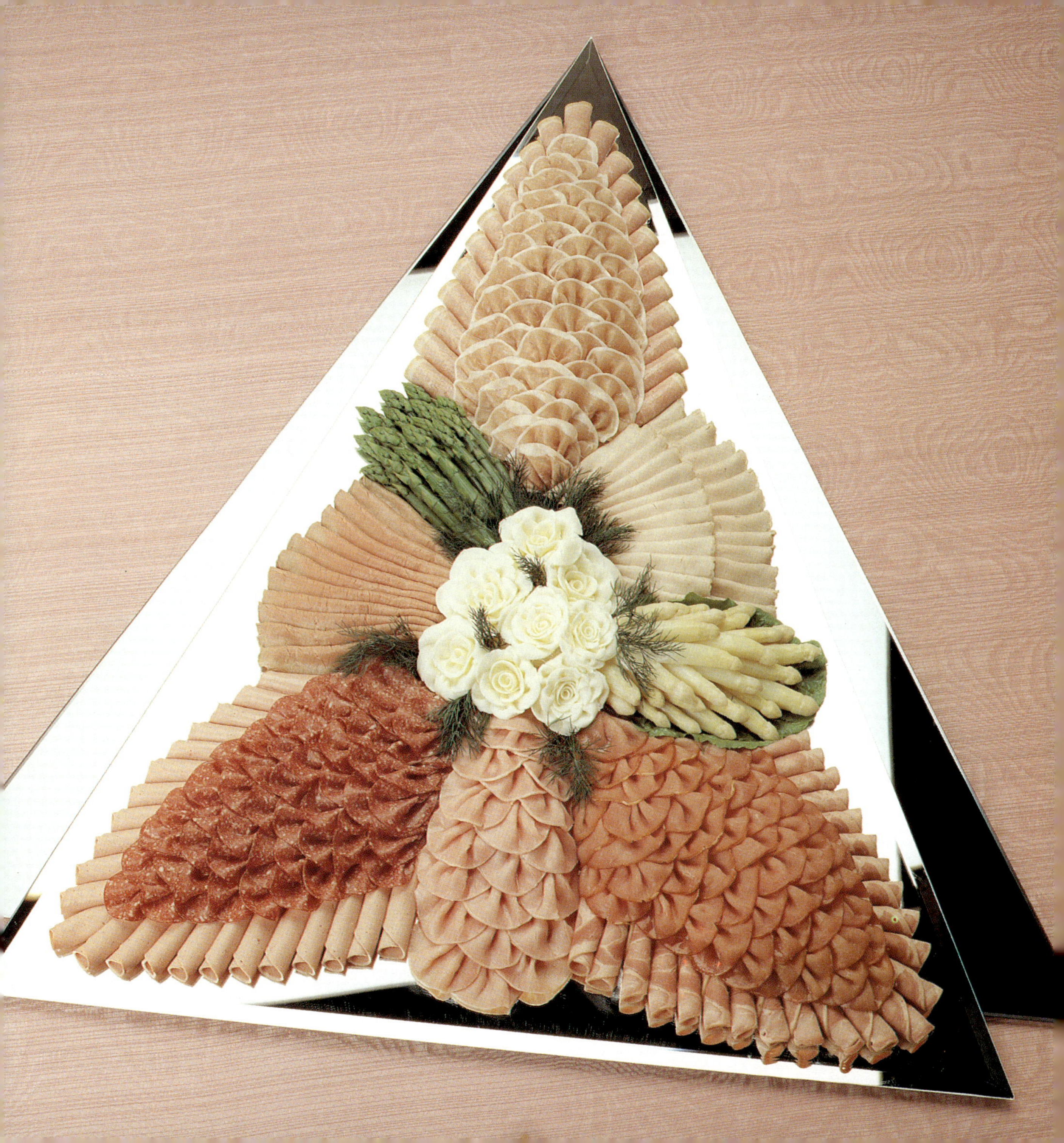

Eine Silbermedaille erhielt diese festlich wirkende Bratenplatte, die auch ohne großen Zeitaufwand für das Tagesgeschäft hergestellt werden kann. Sie ist belegt mit 80 Scheiben Roastbeef, 37 Scheiben Schweinebraten, 70 Scheiben Kräuterbraten und 50 Scheiben Paprikabraten. Gekonnt sind die Tomatenrosen mit Blattpetersilie unterlegt. Kleinere Mängel in der Legetechnik, einige Materialfehler und zu wenig Eleganz bei der Dekoration bedingten Punktabzüge.

Festliche Bratenplatte

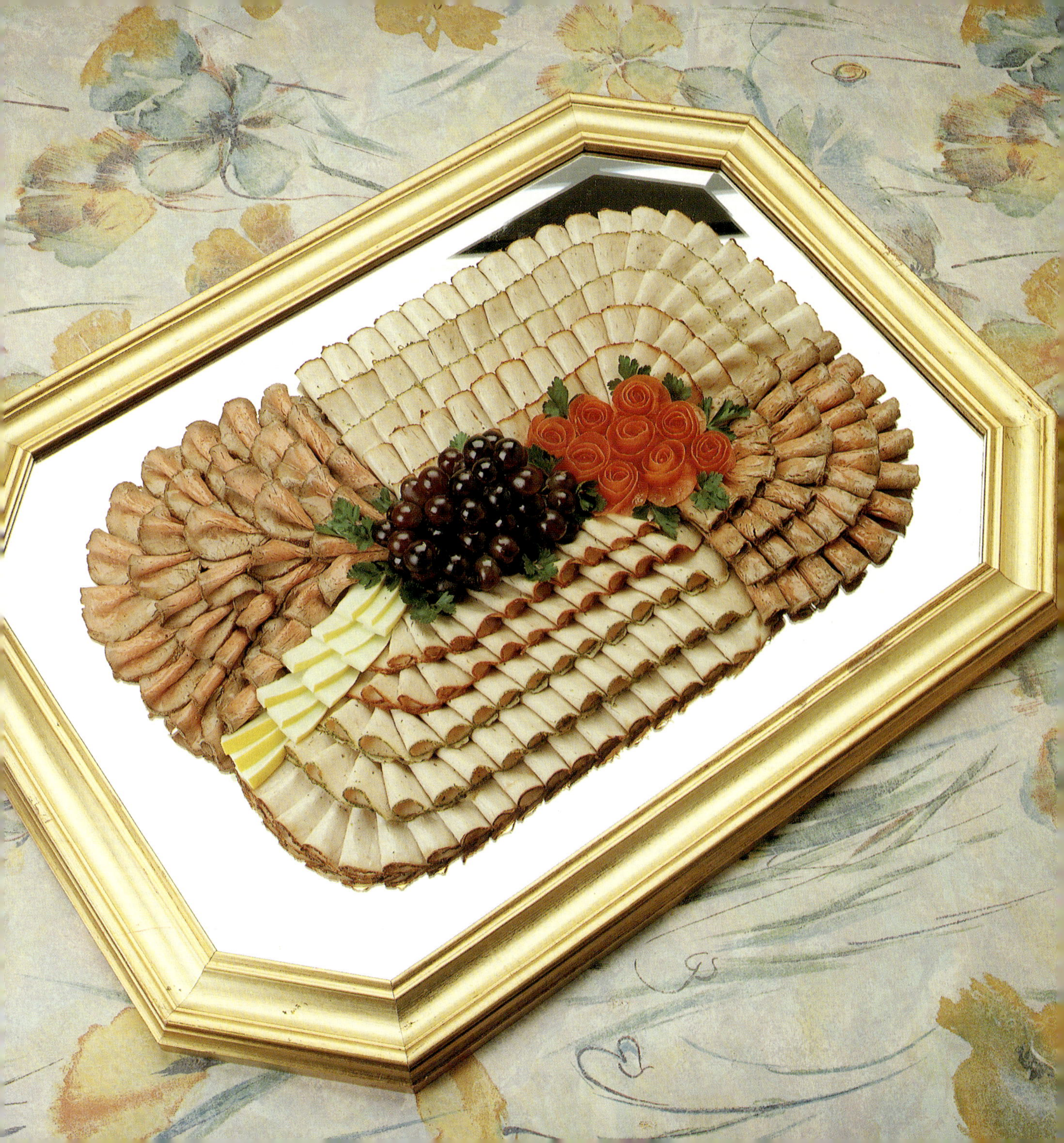

Dieses Bratenarrangement erhielt keine Medaille. Es fehlt an der nötigen Farbkontrastierung der angebotenen Ware. Mängel in der Linienführung, in der Legetechnik und die wenig exakte Präsentation des Dekorationsmittelpunkts ließen eine bessere Bewertung dieser Platte nicht zu.

Festliche Bratenplatte

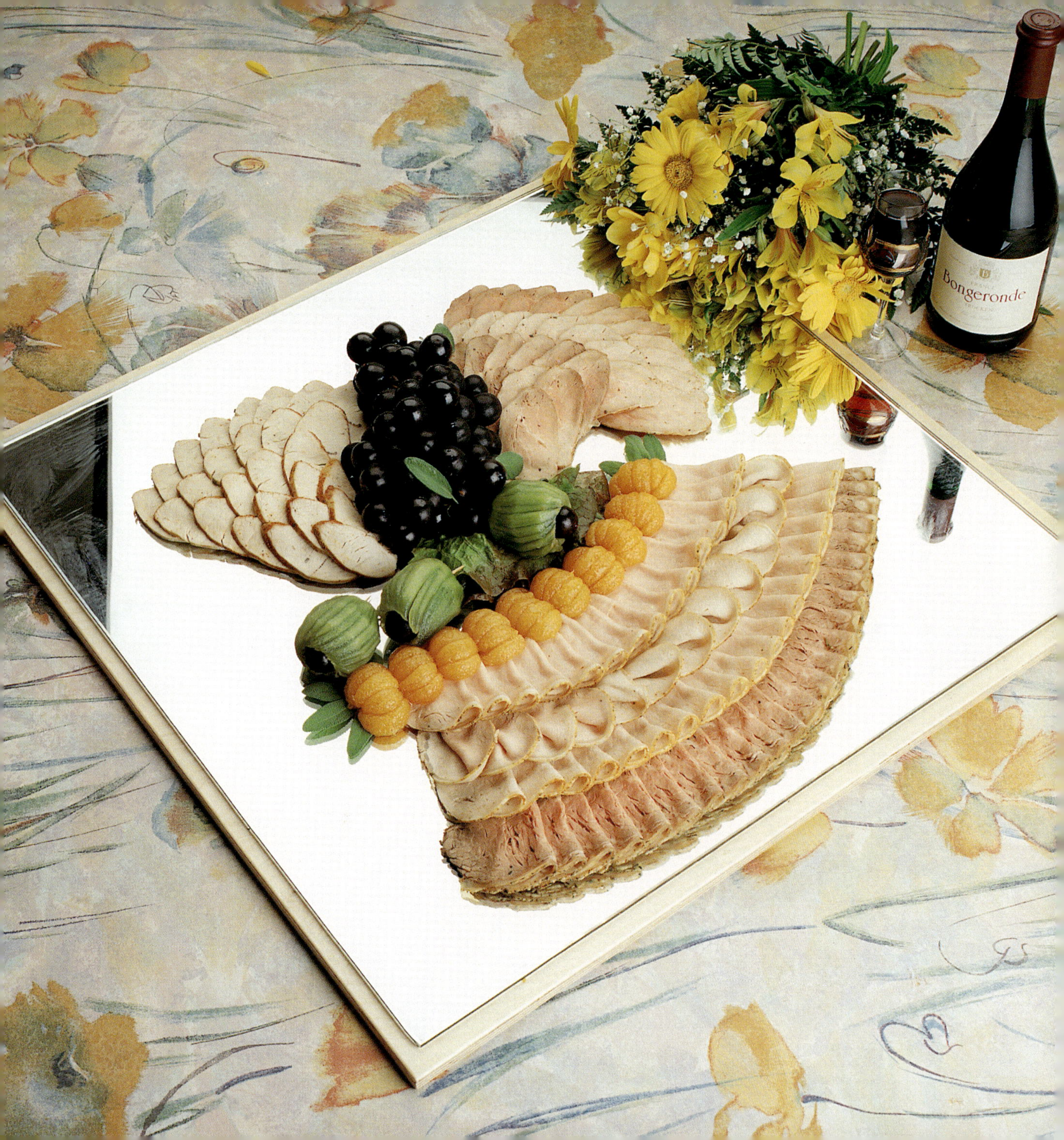
Bongeronde

Bei dieser Präsentation handelt es sich um eine verkaufsorientierte Fleischplatte. Steaks vom Schweinefilet in verschiedenen Variationen, präsentiert auf einer Silberplatte. Mängel: Die Steakscheiben sind nicht in allen Fällen gleich hoch geschnitten. Die Zwischenabstände sind nicht überall gleich und exakt. Diese Platte erhielt eine Bronzemedaille. Die Garnitur, bestehend aus Aubergine, Cornichons, Radieschen, Silberzwiebeln, Champignons und 6 Tomatenrosen, weist nach Auffassung der Jury keinen besonders hohen Schwierigkeitsgrad aus. Dennoch eine Platte, die beim Verbraucher gut ankommt.

Verkaufsorientierte Fleischplatte

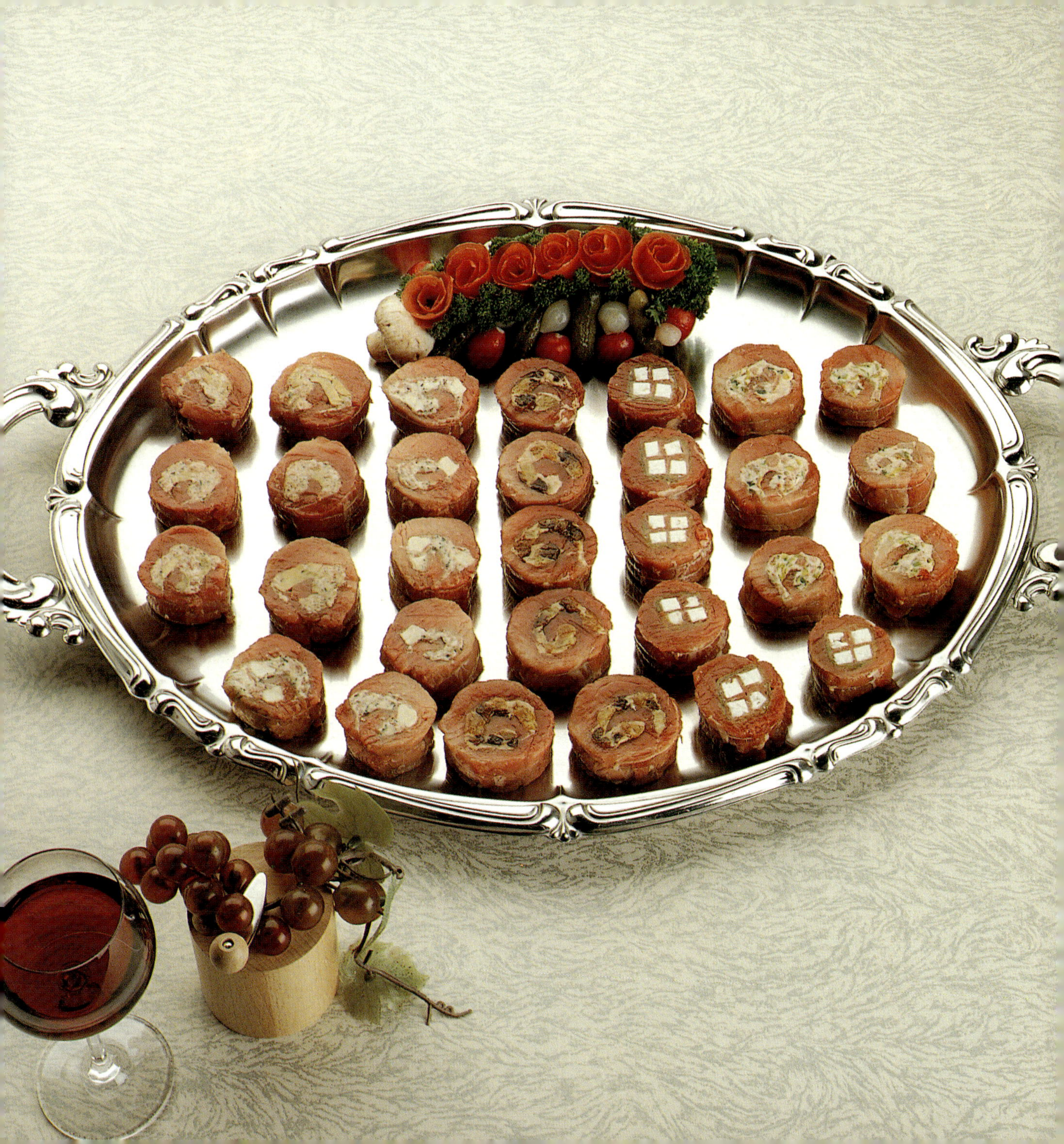

Diese verkaufsorientierte Fleischplatte besticht durch die Vielfalt der dekorativ angeordneten Fleischteilstücke: Lammhaxen, Scheiben vom Schweinerücken, Lammkotelett, Rollbraten vom Lammrücken, Lammfilet, Scheiben aus der Lammkeule, Lammrücken gespickt mit Knoblauch. Passend auch die Beilagen und Garnituren, bestehend aus grünen Bohnen mit Dörrfleisch umwickelt, Frühlingszwiebeln, Knoblauchzehen, Rosmarin und Kräuterbutter-Röschen. Ein attraktives Angebot für Lammfleisch-Liebhaber. Die Platte erhielt nur deshalb eine Silbermedaille, weil die internationale Jury Mängel im Zuschnitt und eine nicht ausreichend exakte Präsentation der Teilstücke entdeckte.

Verkaufsorientierte Fleischplatte

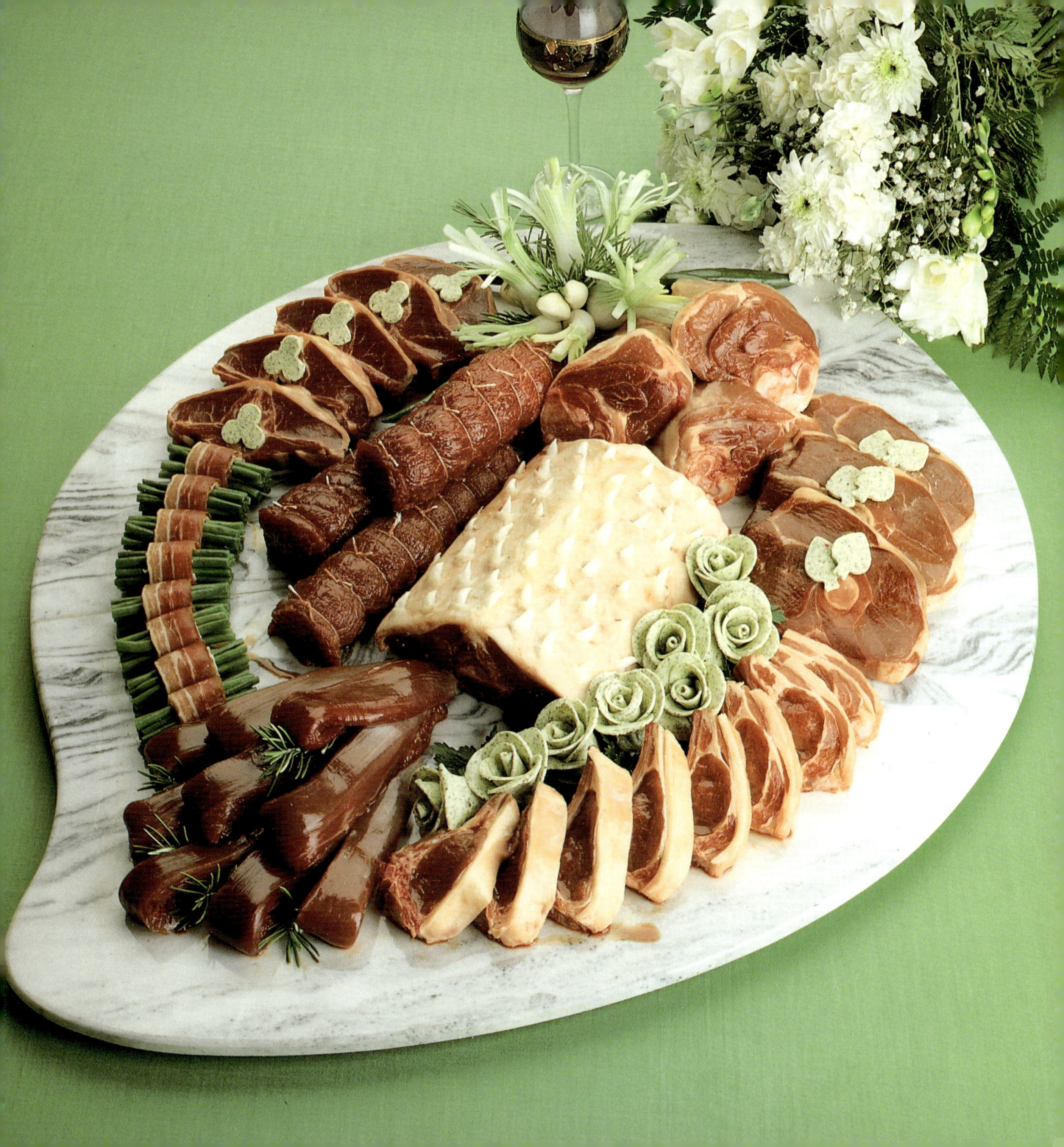

Eine verkaufsorientierte Fleischplatte, die in ihrer Präsentation und Auswahl der Fleischprodukte überzeugend ist. Sie zeichnet sich durch ihre Sortenvielfalt aus, die anspruchsvolle Verbraucher auch zunehmend im Fleischer-Fachgeschäft erwarten. Diese Fleischplatte erhielt uneingeschränkt eine Goldmedaille. Sie besteht aus Rinderhacksteaks in Schweinefleisch, gemischten Hacksteaks in Rindfleisch-Speckgitter, Pfeffersteaks aus der Rinderlende, Schweinerücken sowie Schweinemettaschen mit Kräuterbutter und Gewürzen garniert. Das dekorative Gemüsebukett ist aus Brokkoli, gezackten Radieschen, grünen und roten Peperonis, grünem Pfeffer und frischen Champignons zusammengestellt.

Verkaufsorientierte Fleischplatte

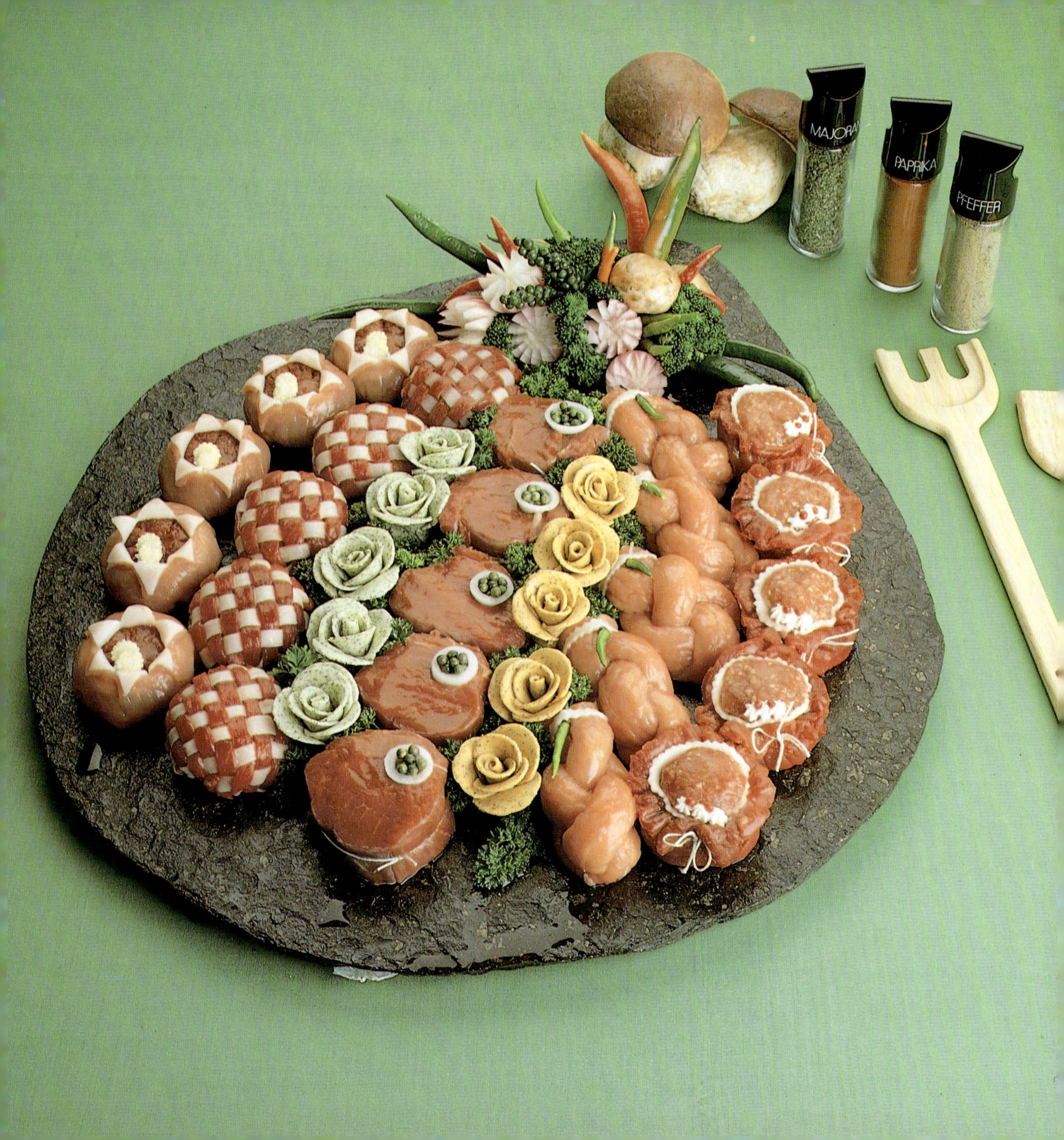
MAJORAN
PAPRIKA
PFEFFER

Eine sehr dekorative Komposition, die Appetit macht und sich durch ihre Fleischsortenvielfalt in besonderer Weise auszeichnet. Sie ist belegt mit Schweinelendchen, Tatarbällchen, Hähnchenbrust, Filetspitzen, dünnen Scheiben von der Schweineoberschale auf Spießchen gerollt, Rinderfilet, Kalbfleisch und Lammrücken. Auch die Garnitur paßt ausgezeichnet zu den dargebotenen Fleischsorten, insbesondere die frische grüne Farbe des Brokkoli, die den notwendigen Farbkontrast bewirkt. Diese Platte erhielt nur eine Silbermedaille, weil die Jury sich die Dekoration etwas exakter gewünscht hätte und im Fleischzuschnitt einige kleine Mängel entdeckte.

Fleisch-Grillplatte

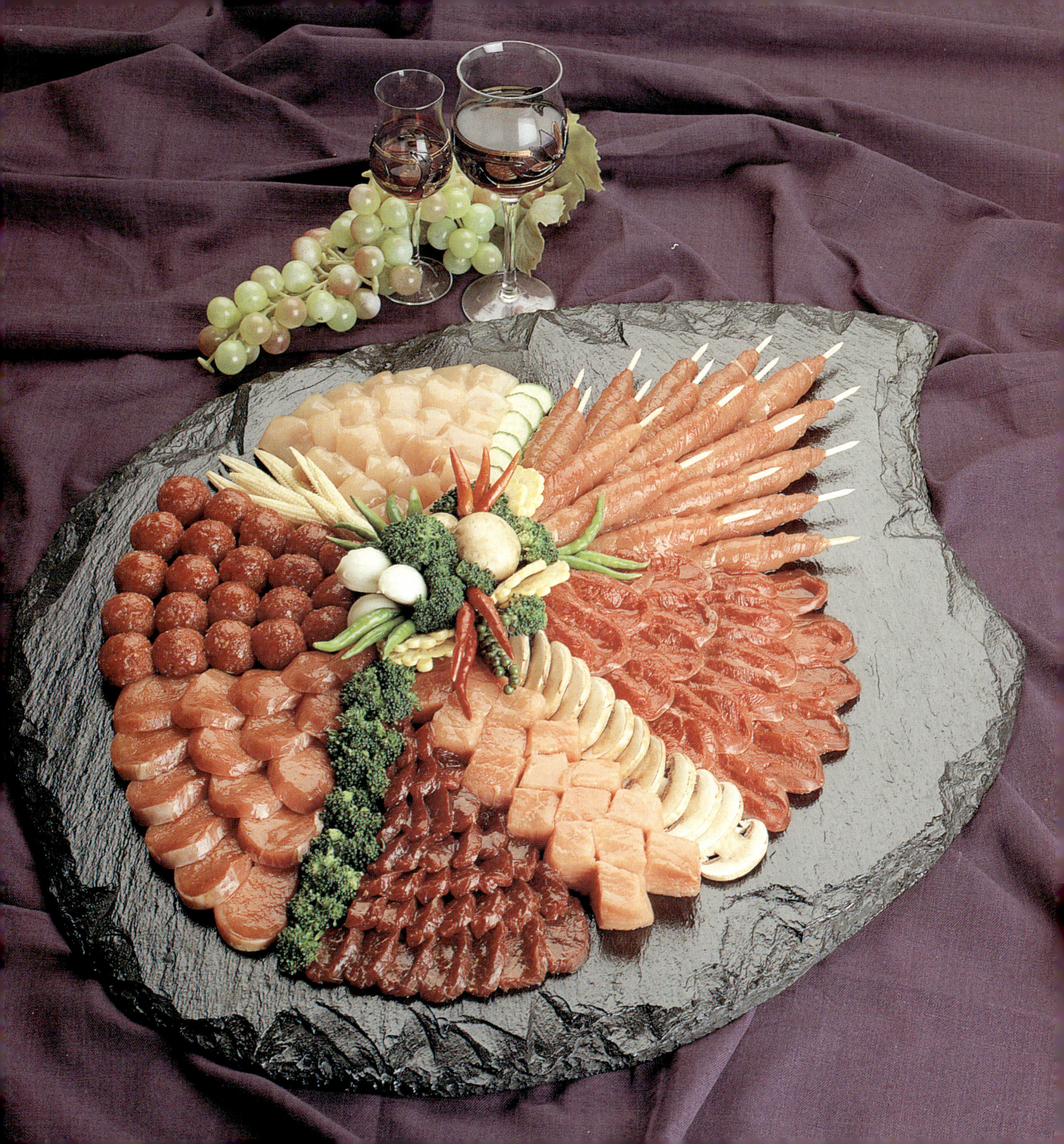

Diese Präsentation, als Fleischschauplatte deklariert, konnte in keiner Hinsicht überzeugen. Als Fleischschauplatte ist sie schon deshalb unakzeptabel, weil sie für den Verbraucher nicht als solche erkennbar ist. Auch als Schaustück ist sie wenig anspruchsvoll und erhielt keine Medaille, weil sie in ihrer Gesamtdarbietung internationalen Ansprüchen nicht gerecht wurde.

Fleischschauplatte

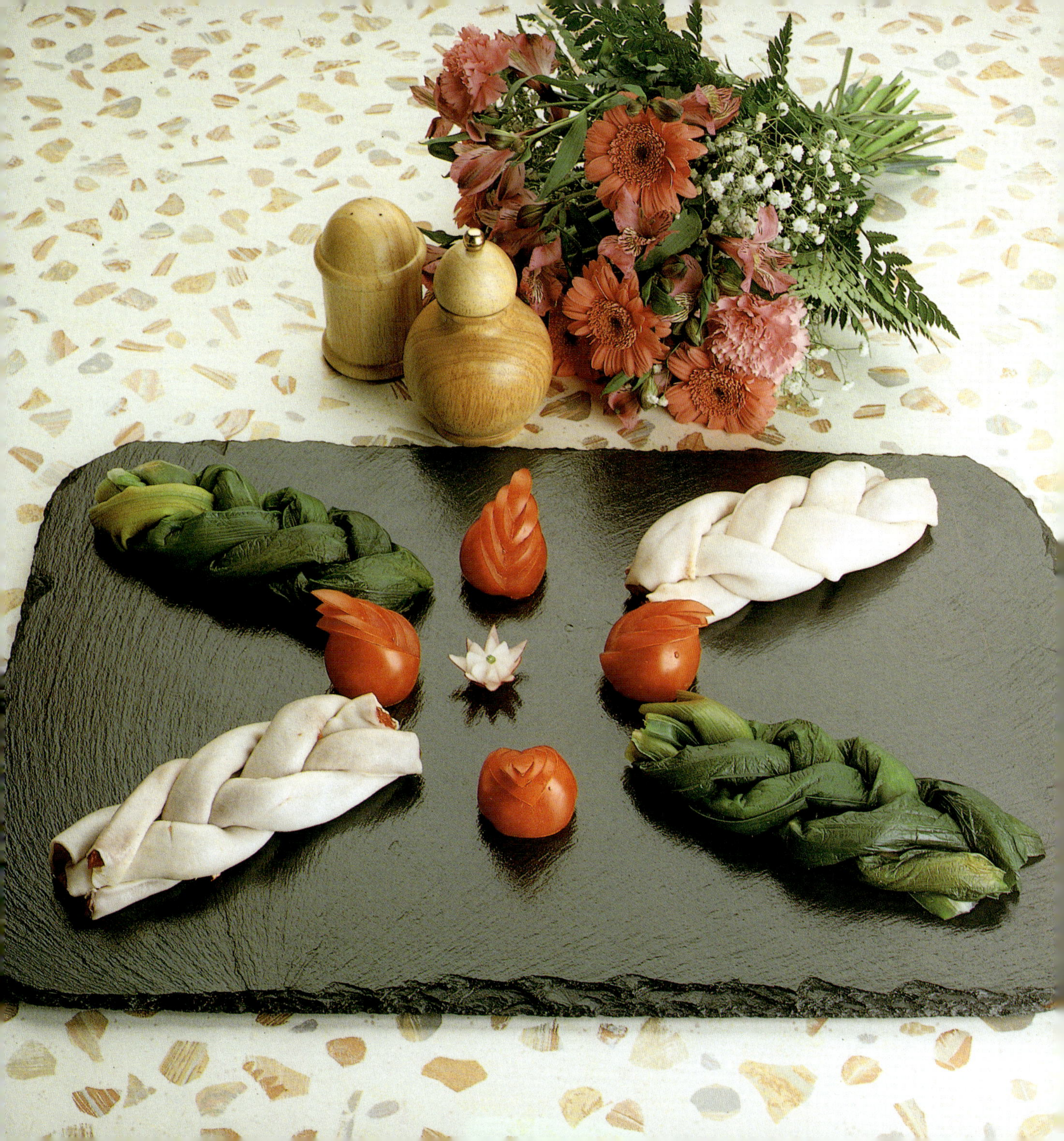

Eine rustikale Grillplatte, geschmackvoll präsentiert. Die gefüllten Schweinerückensteaks, die gerollten Schweinebauchscheiben mit Gewürzen dekoriert sowie die beiden Bratwurstzöpfe heben sich farblich hervorragend von der schwarzen Schieferplatte ab. Interessant auch die Dekoration aus 3 Gurkenschiffchen gefüllt mit Mixpickels, Dill, Paprika, Oliven, Gurken, Peperoni, Maiskölbchen und Perlzwiebeln. Diese Platte erhielt für ihre Gesamtleistung eine Bronzemedaille.

Fleisch-Grillplatte

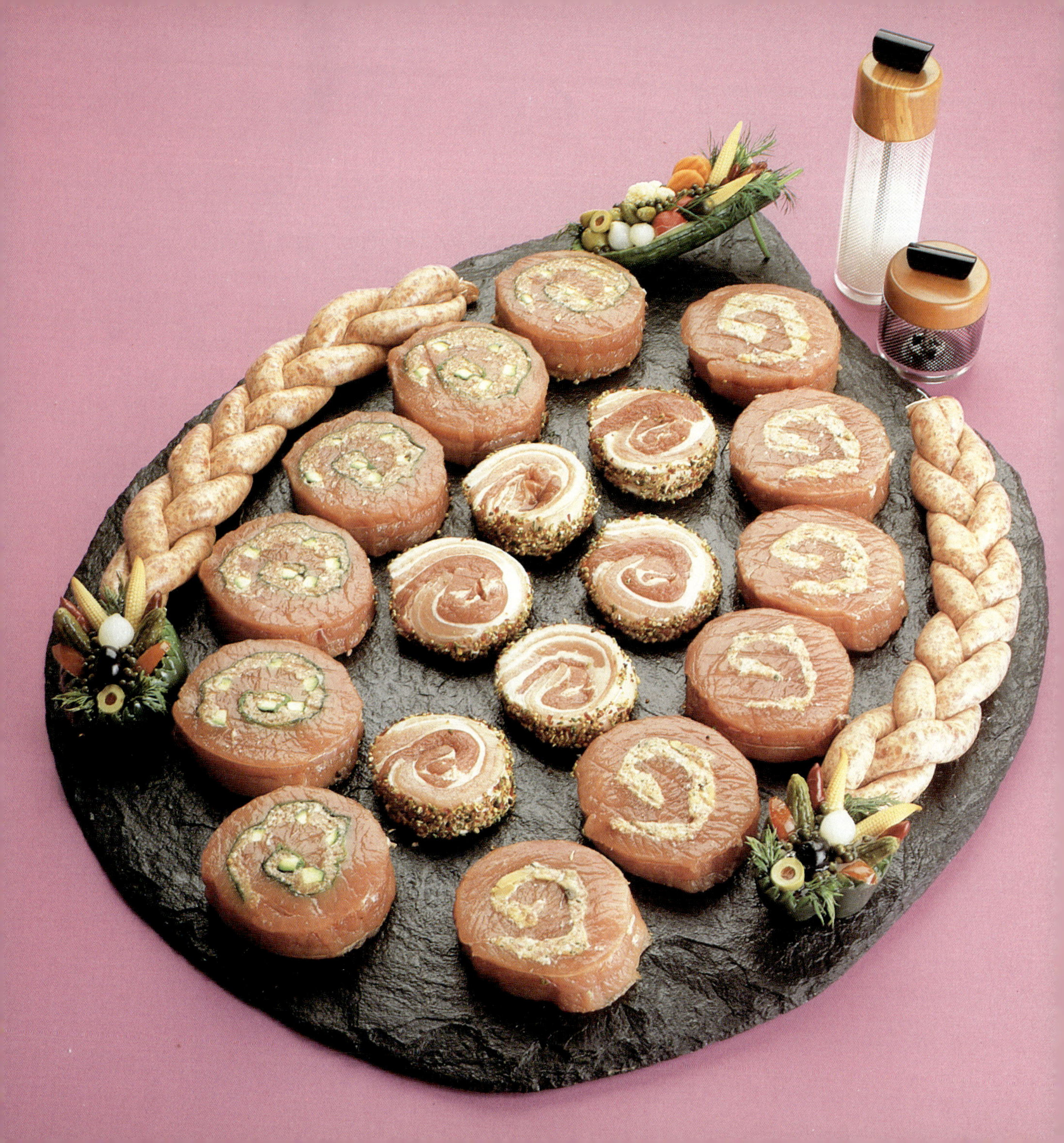

Ein stilvolles elegantes Arrangement, das jeden verwöhnten Verbraucher begeistern wird. Überaus exakt in der Ausführung und überzeugend in der Präsentation. Außergewöhnlich ist der Dekorationsmittelpunkt: exakt, farblich harmonisch und sehr geschmackvoll zusammengestellt. Gleichwohl entdeckte auch hier die Jury kleine Mängel im Zuschnitt der Steaks und war der Meinung, daß bei aller Eleganz des Arrangements die gebotenen Arbeiten in der Ausführung zu einfach seien. Die Platte erhielt daher nur eine Silbermedaille.

Verkaufsorientierte Fleischplatte

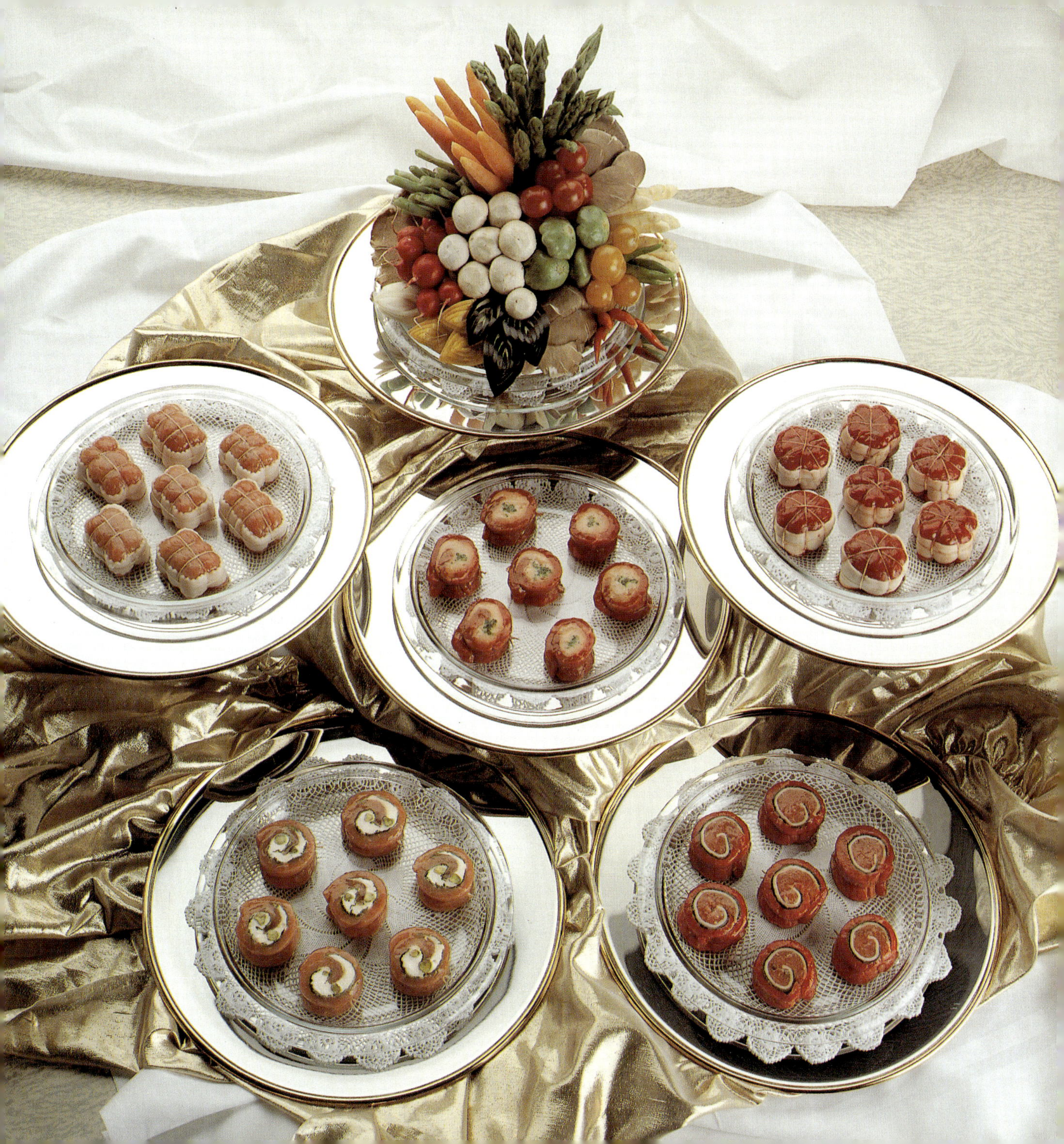

Bei der Präsentation von Kanapees ist auf eine ausreichende Produktvielfalt zu achten. Von Fisch, Shrimps oder Lachs als Appetitanreger über Schinken, Roastbeef oder Braten bis hin zu Käse oder Käsecremes als Magenschließer – alles das gehört auf eine Kanapee-Platte. Diesen Anforderungen wird die abgebildete Platte insgesamt gerecht. Es fehlt jedoch an der Eleganz in der Ausführung, auch was die Dekoration betrifft. Die Platte erhielt eine Bronzemedaille.

Festliche Kanapee-Platte

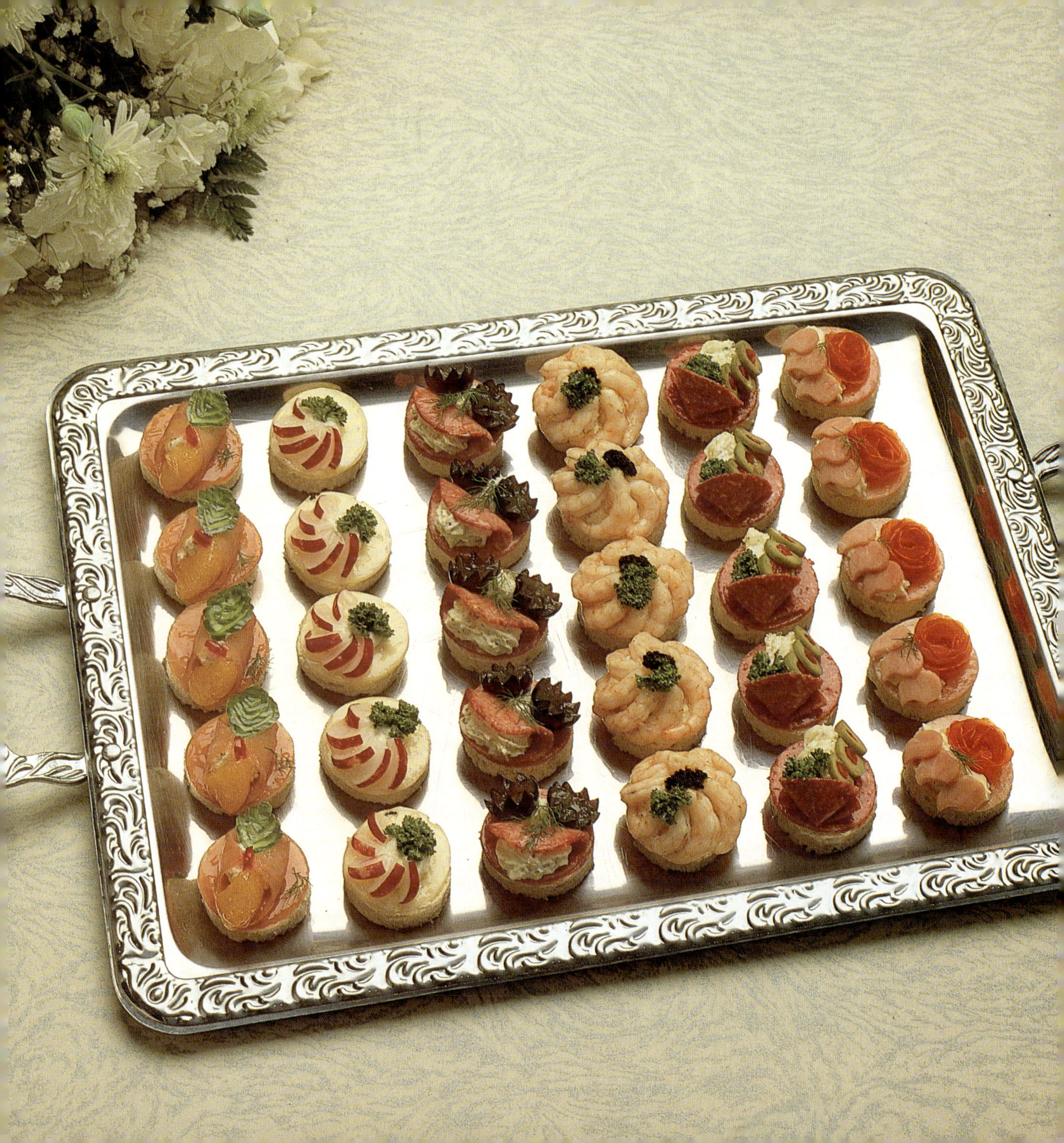

Eine Kanapee-Platte mit eleganten Kanapees aus ausgestochenem Weißbrot mit verschiedenen Braten, Schinken, Käse und Lebercremes belegt. Bestechend ist die exakte Garnierung, anspruchsvoll und aus Sicht des Verbrauchers sehr attraktiv. Die Jury hingegen meinte, daß die Garnierung zu aufwendig sei. Aus Sicht der Praxis sicherlich richtig, doch dürfte aufwendige Garnierung in diesem Fall nicht zu Punktabzügen führen. Die Platte erhielt dennoch insgesamt eine Silbermedaille.

Festliche Kanapee-Platte

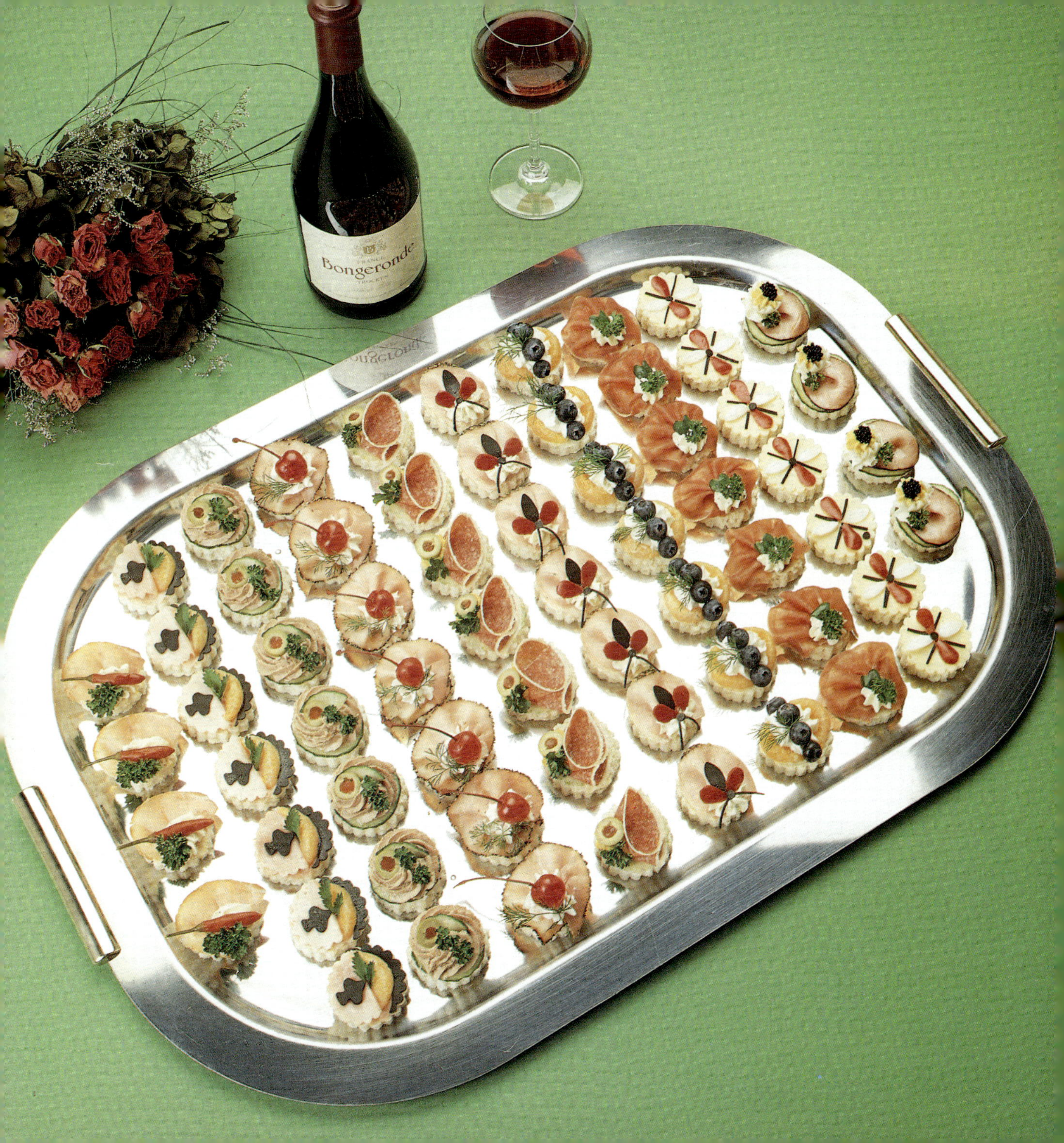
Bongeronde

Dieses in jeder Hinsicht anspruchsvolle Kanapee-Arrangement erhielt uneingeschränkt eine Goldmedaille. Es handelt sich um Kanapees aus ausgestochenem Weißbrot mit jeweils doppeltem Belag und 10 verschiedenen Sorten: Gambas mit Ei, Kapern, Eiercreme und Schnittlauch, Lachs mit Ei, Dill und Eiercreme, Nußschinken mit Spargelspitzen, Lebercreme und Gurke, Amsterdamer mit Frischkäse und Apfel, gekochtes Kasseler mit Lebercreme, Aprikose und Kirsche, Salami mit Lebercreme, Kapern und Mais, Roastbeef mit Meerrettich, Olive und Petersilie, Greyerzer mit Frischkäse, Traube und Kresse, Bündner Fleisch mit Bambusspargel und Creme.

Festliche Kanapee-Platte

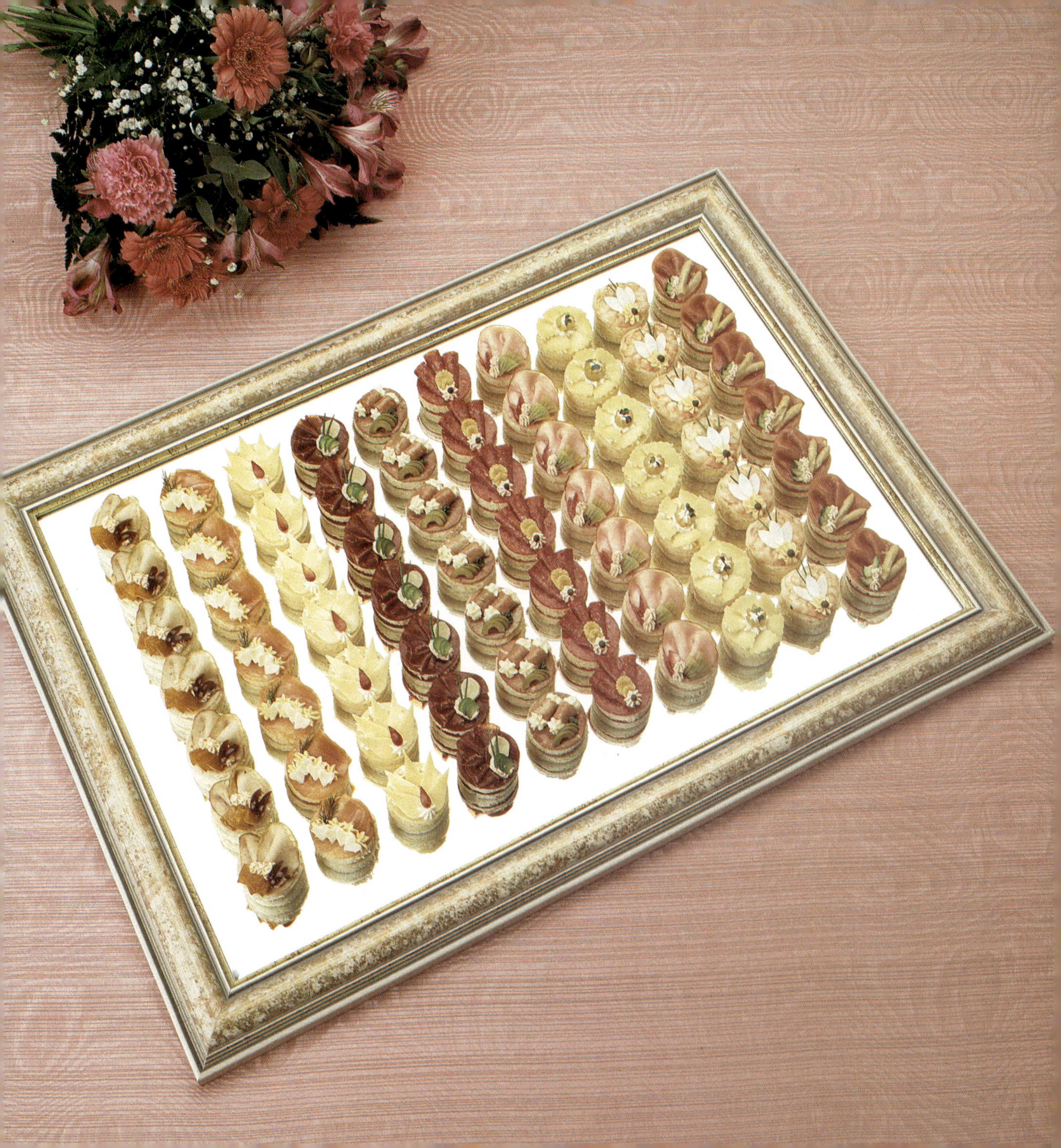

Kanapees werden von Hand gegessen und sollten daher mundgerecht sein. Sie sind mit wertvollen und edlen Produkten und Zutaten, z.B. Roastbeef, Leberpastete, Nußschinken oder Braten zu belegen. Die hier präsentierten Kanapees werden diesen Anforderungen gerecht. Außerdem sind sie appetitanregend und geschmackvoll auf dem Spiegel präsentiert. Die festliche Kanapee-Platte erhielt daher die volle Punktzahl und wurde uneingeschränkt mit einer Goldmedaille ausgezeichnet.

Festliche Kanapee-Platte

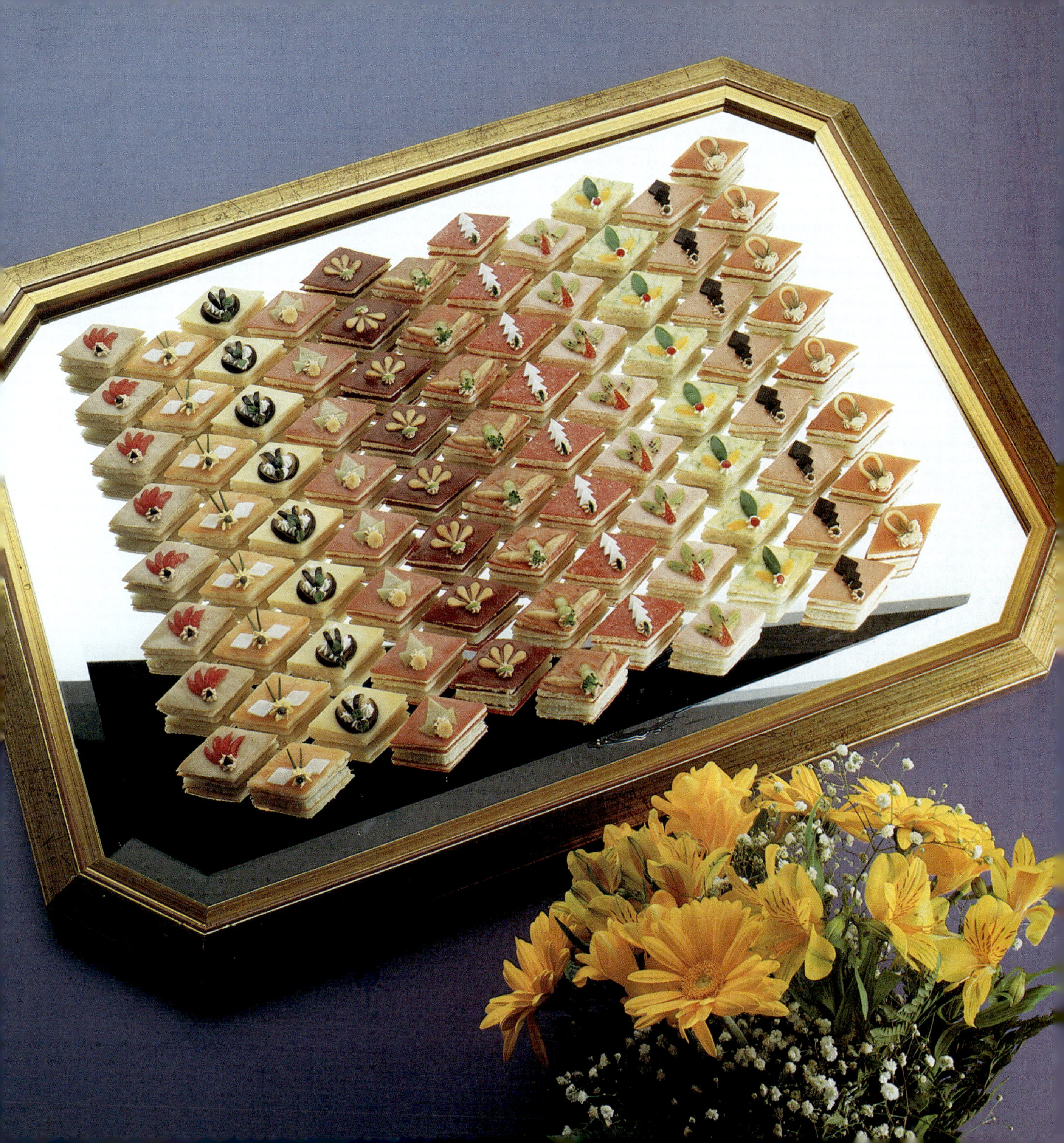

Mit einer Silbermedaille wurde diese Kanapee-Platte ausgezeichnet. Kanapees dieser Art, dekorativ präsentiert, variationsreich und mundgerecht, finden beim Verbraucher immer mehr Anklang. Nicht Masse, sondern Klasse ist auch hier die Devise, die von gut geführten Fleischer-Fachgeschäften bei der Präsentation von Kanapee-Platten zunehmend beachtet wird. Die Herrichtung solcher Kanapees ist allerdings aufwendiger, so daß kleine Mängel bei der Garnierung nicht zu vermeiden sind.

Festliche Kanapee-Platte

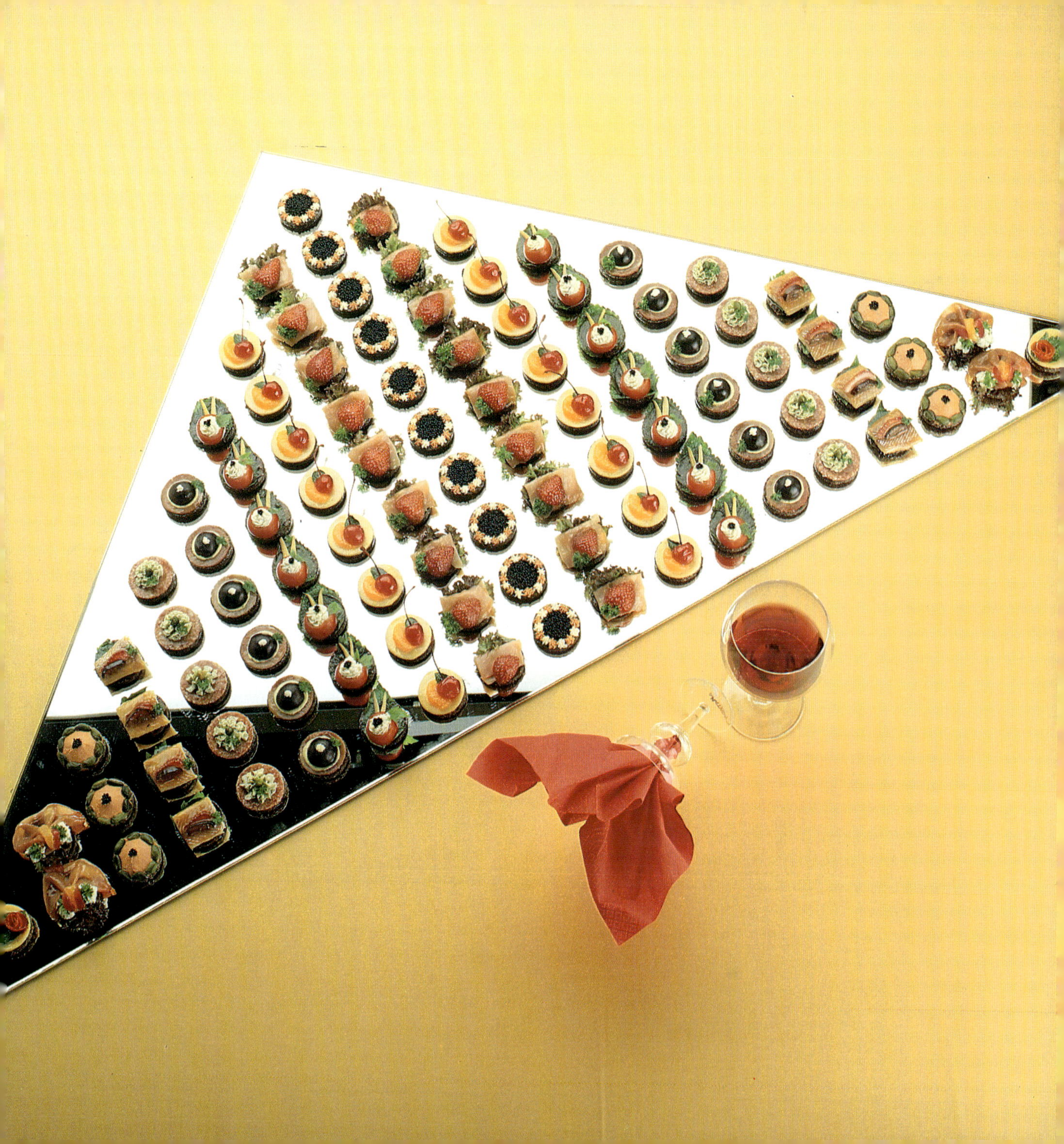

»Barcelona 92« wurde diese mit einer Goldmedaille ausgezeichnete Kanapee-Komposition betitelt. Geschmackvoll und appetitanregend – so präsentiert sich die exakte und ideenreich garnierte Kanapee-Platte mit fünf verschiedenen Angebotsvarianten aus Graved-Lachsschinken, Lachs und Käse.

Festliche Kanapee-Platte

Barcelona '92

Meisterliche Fleisch- und Aufschnittplatten

Die folgenden Fleisch- und Aufschnittplatten wurden von der Siegerin des 15. Internationalen Plattenwettbewerbs, Frau Helga Orschler aus Aschaffenburg, hergestellt – nach dem Wettbewerb und unter ganz normalen Alltagsbedingungen.
Als Ergebnis wurden meisterhafte, dekorative Arrangements und Plattenkompositionen, die mit Sicherheit bei jedem Kunden ankommen und geradezu Nachfragen provozieren, präsentiert.
Sie machen deutlich, daß außergewöhnliche Leistungen auf internationalen Wettbewerben keine »Eintagsfliegen« sein müssen, sondern sehr wohl auch im Alltagsgeschäft erfolgreich umgesetzt werden können.

Die Siegerin des 15. Internationalen Plattenwettbewerbs anläßlich der IFFA 92 hat sich seit vielen Jahren internationalen Leistungsvergleichen erfolgreich gestellt. Ihre Platten sind geschmack- und stilvolle Arrangements, die vom Verbraucher allzeit bewundert werden und auch einer überaus kritischen Bewertung durch internationale Fachgremien standhalten. Es sind Meisterwerke, die – und daran kann kein Zweifel sein – alle medaillenreif sind.

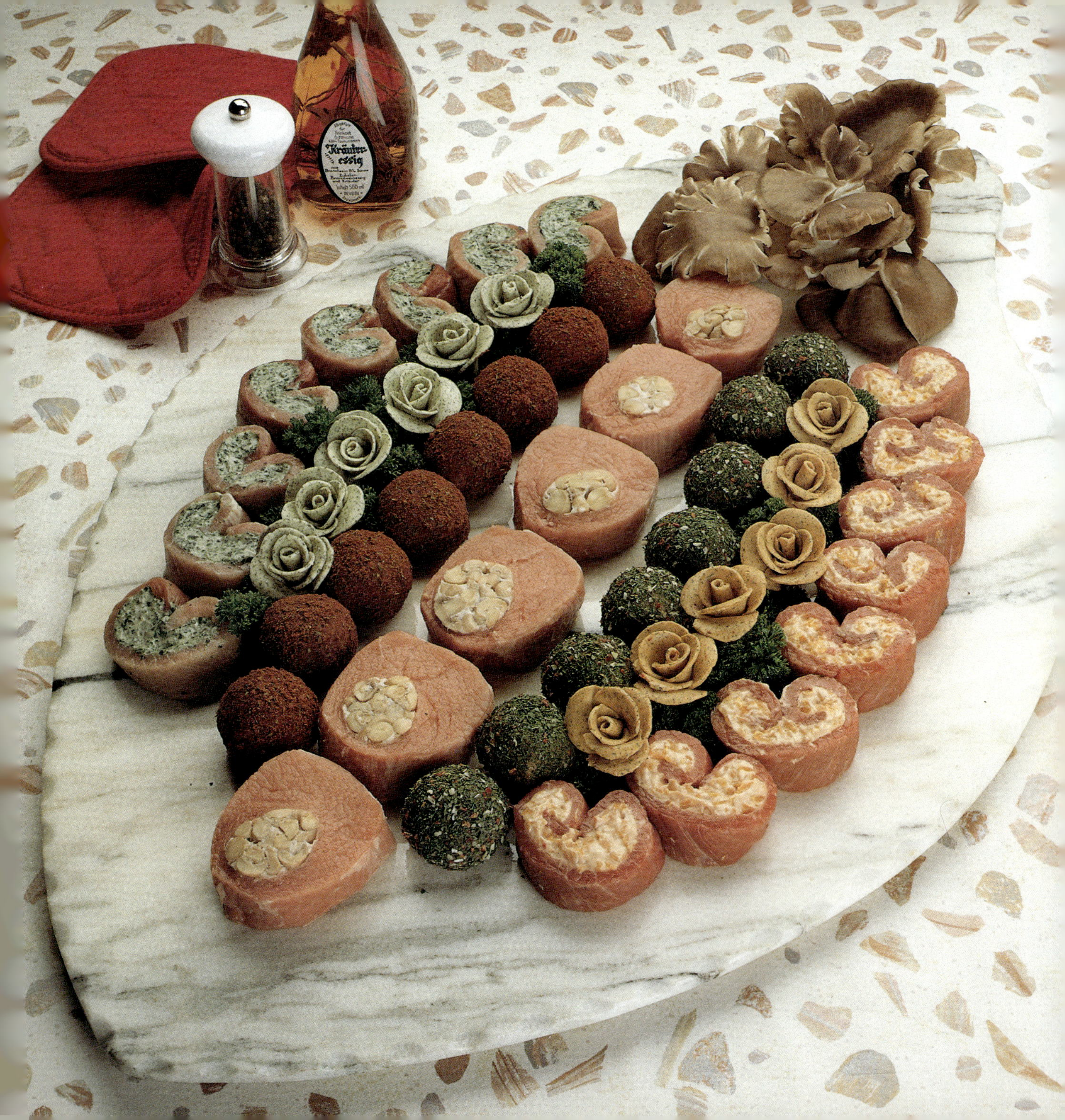
Kräuter-essig
Inhalt 500 ml

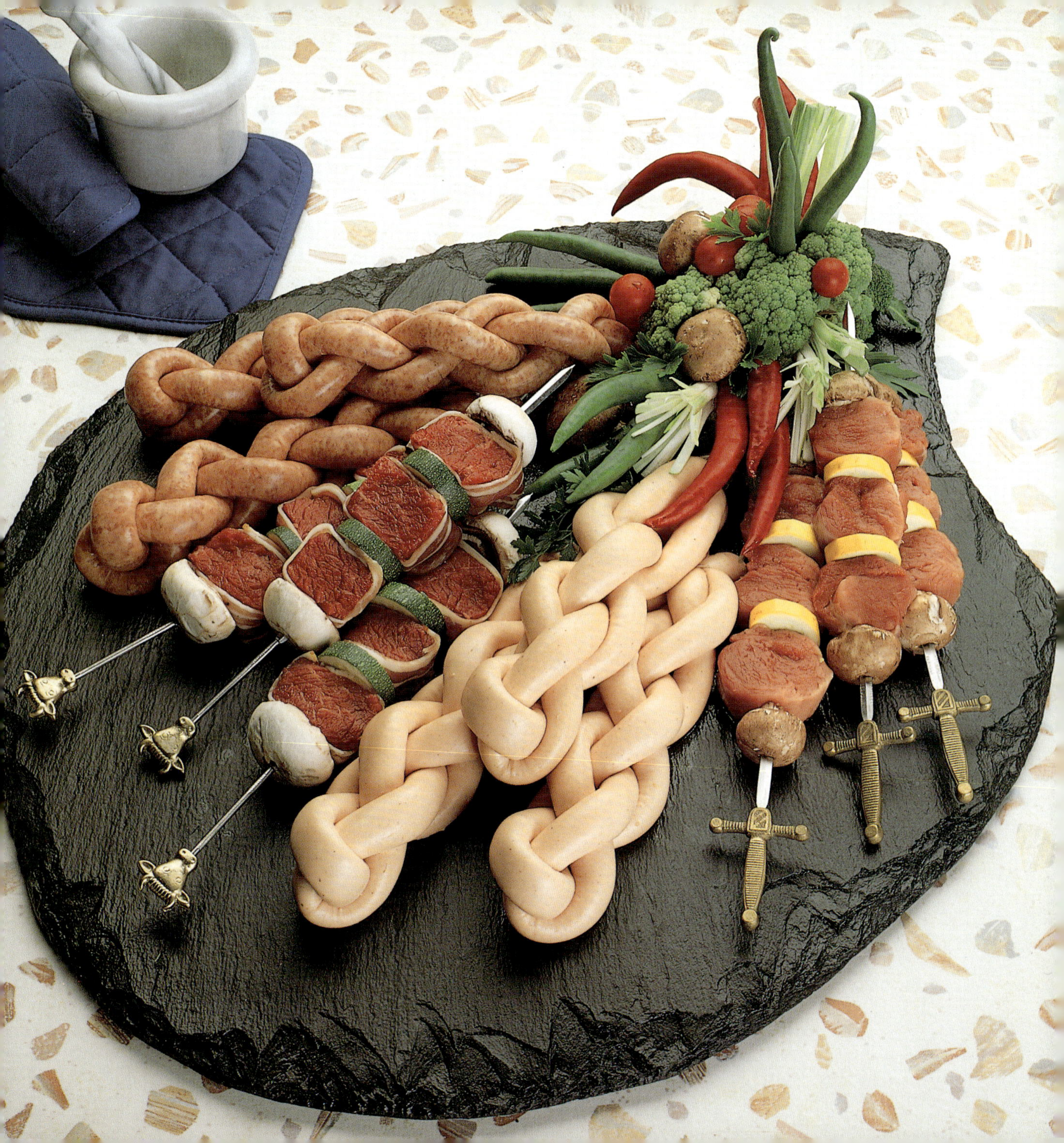

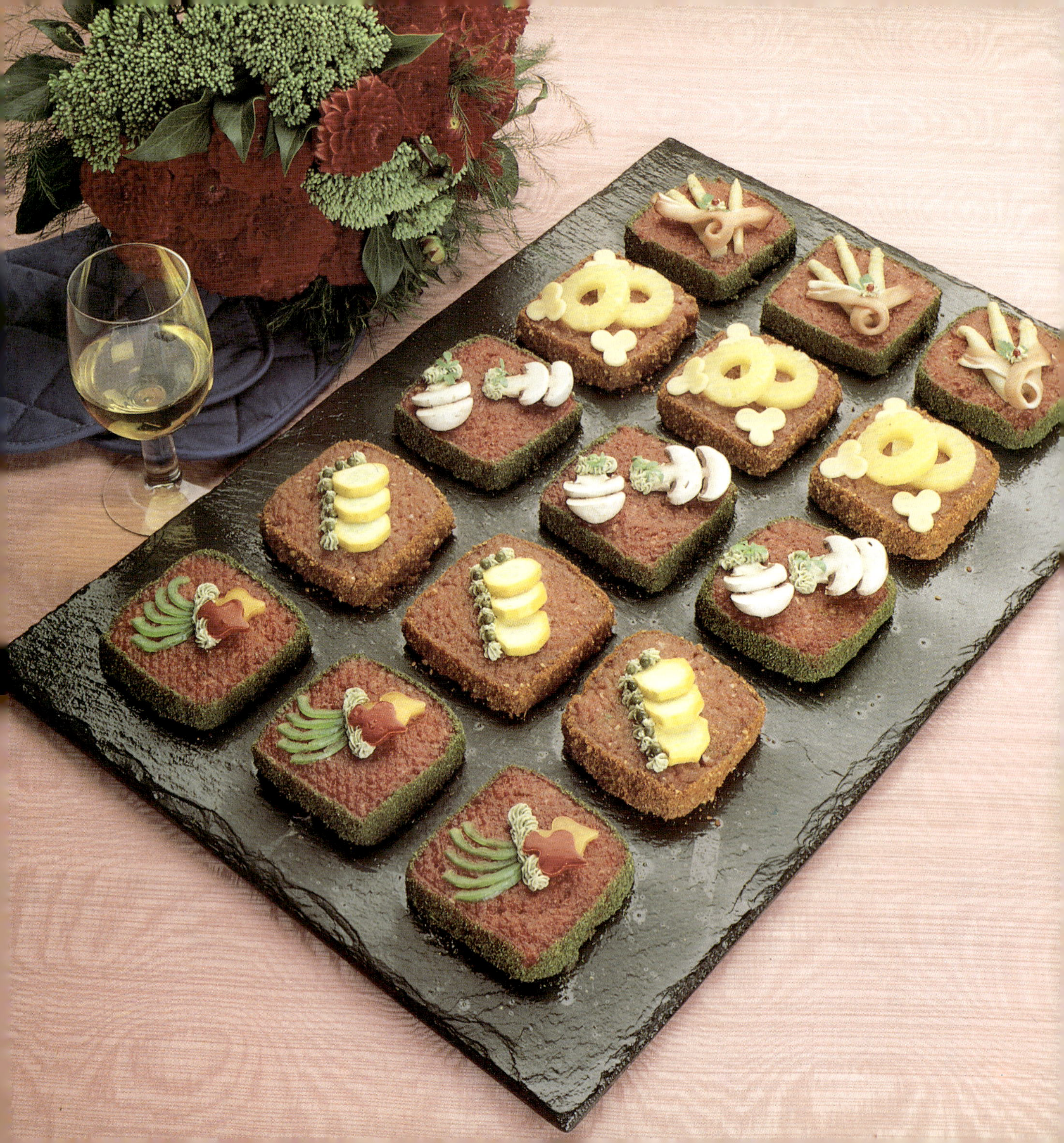

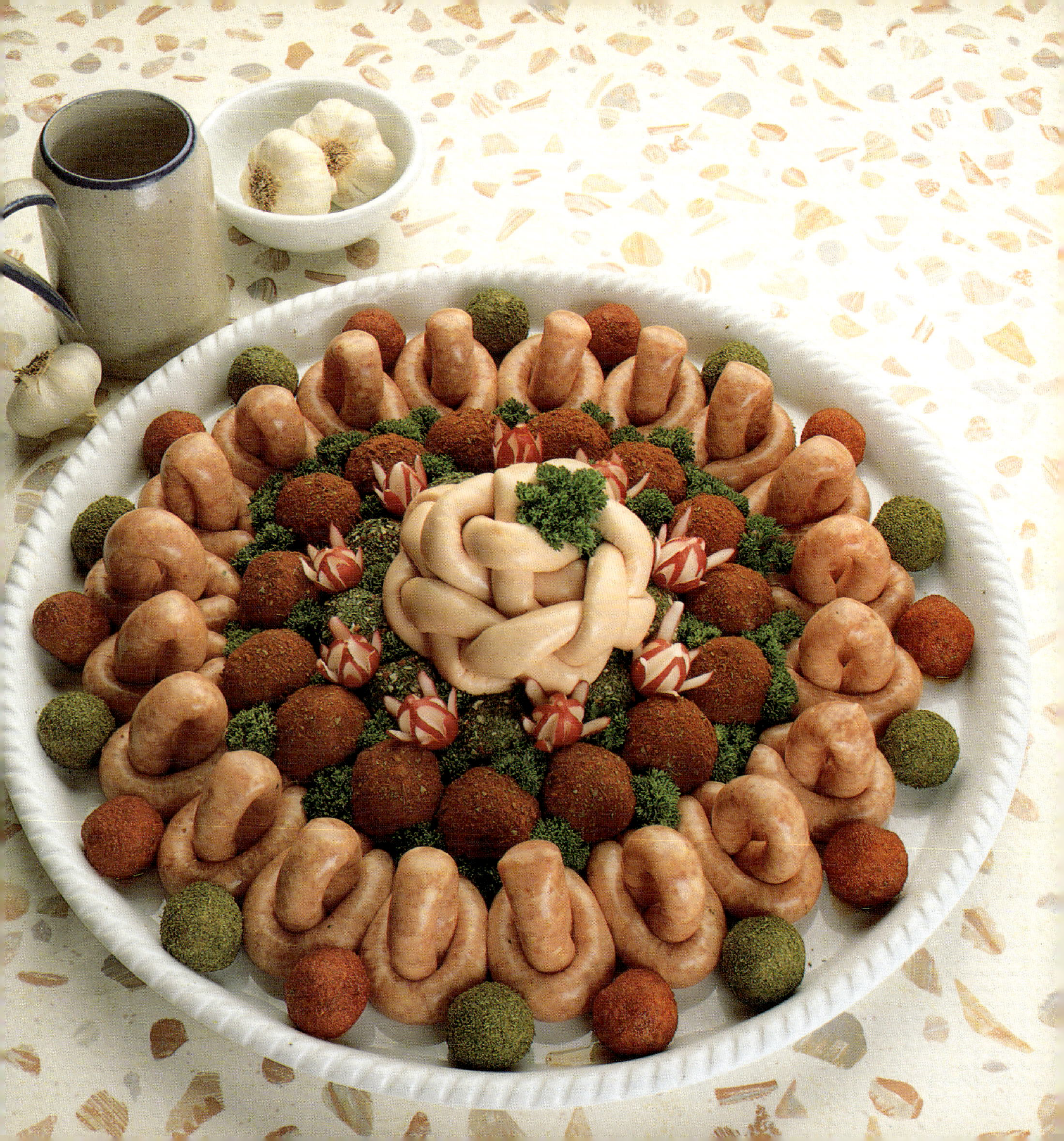

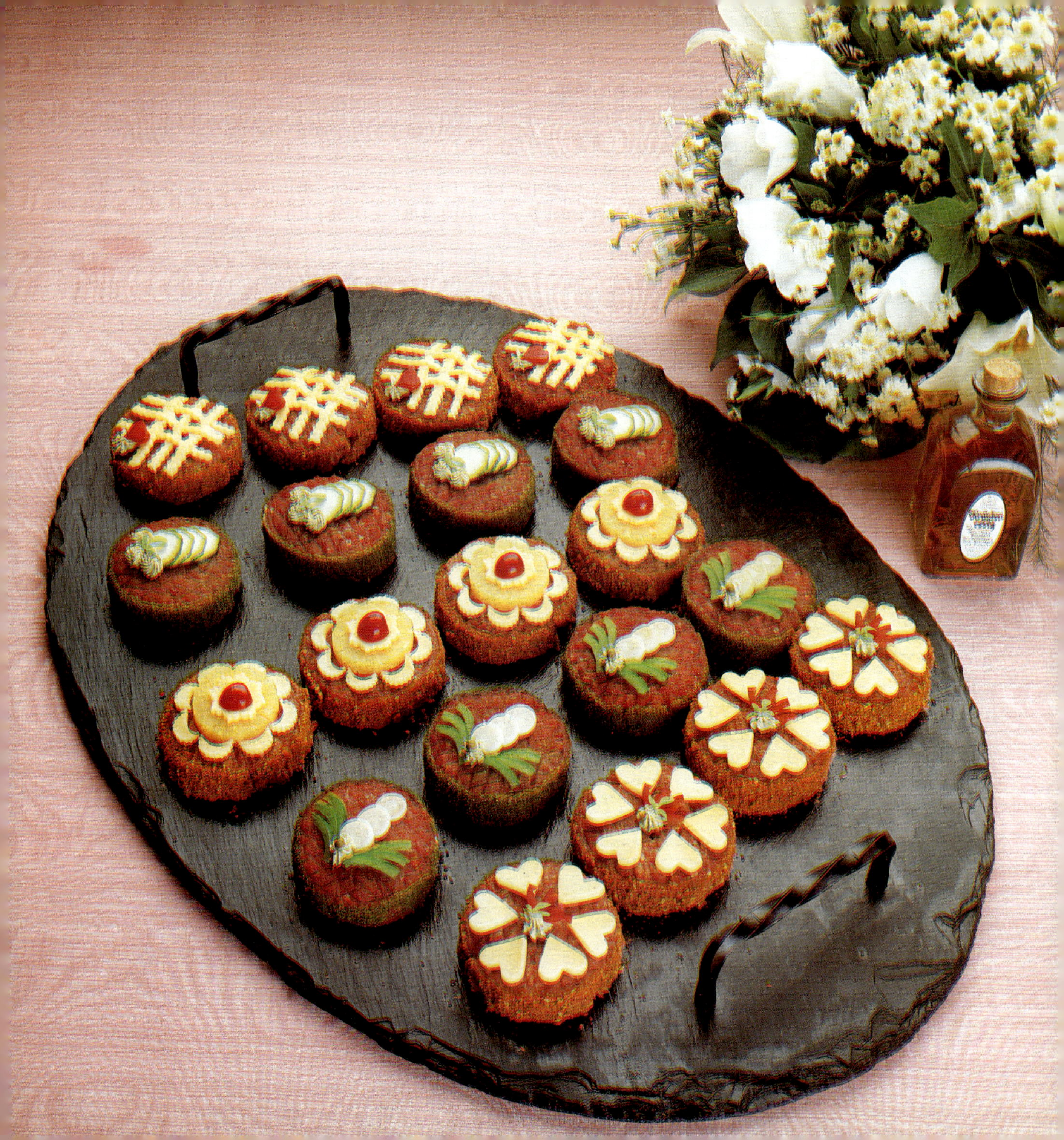

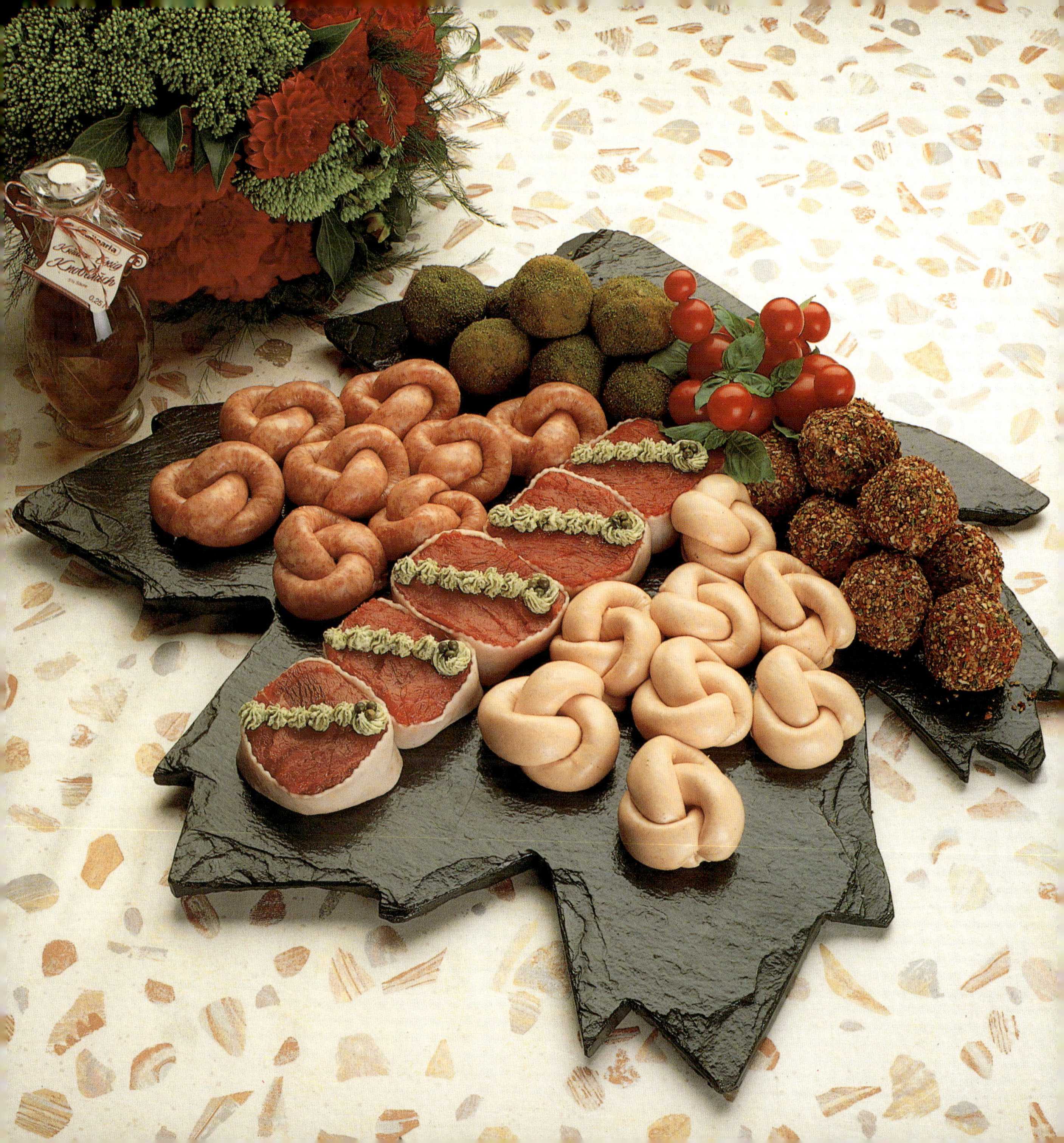
0,25 l

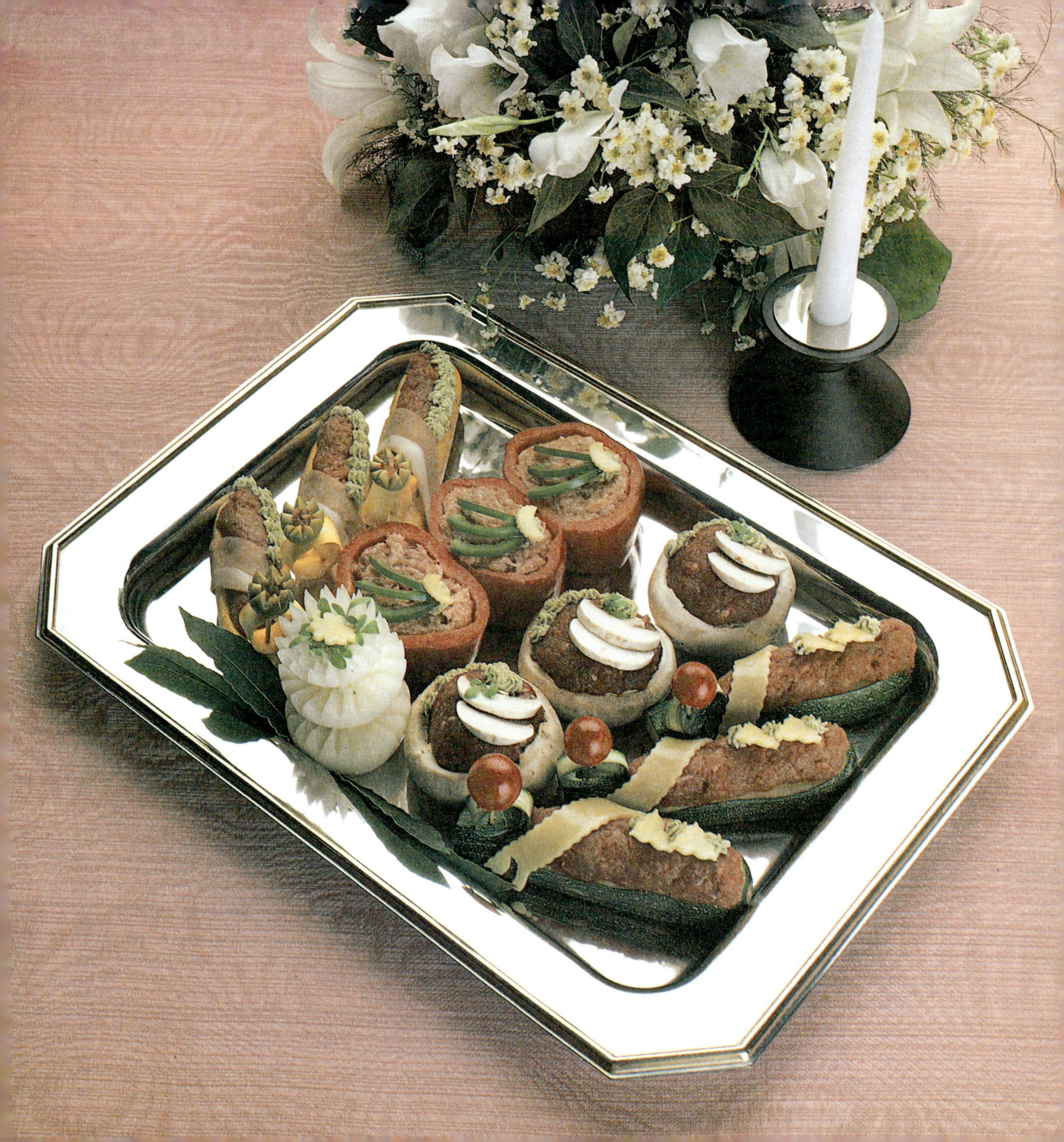

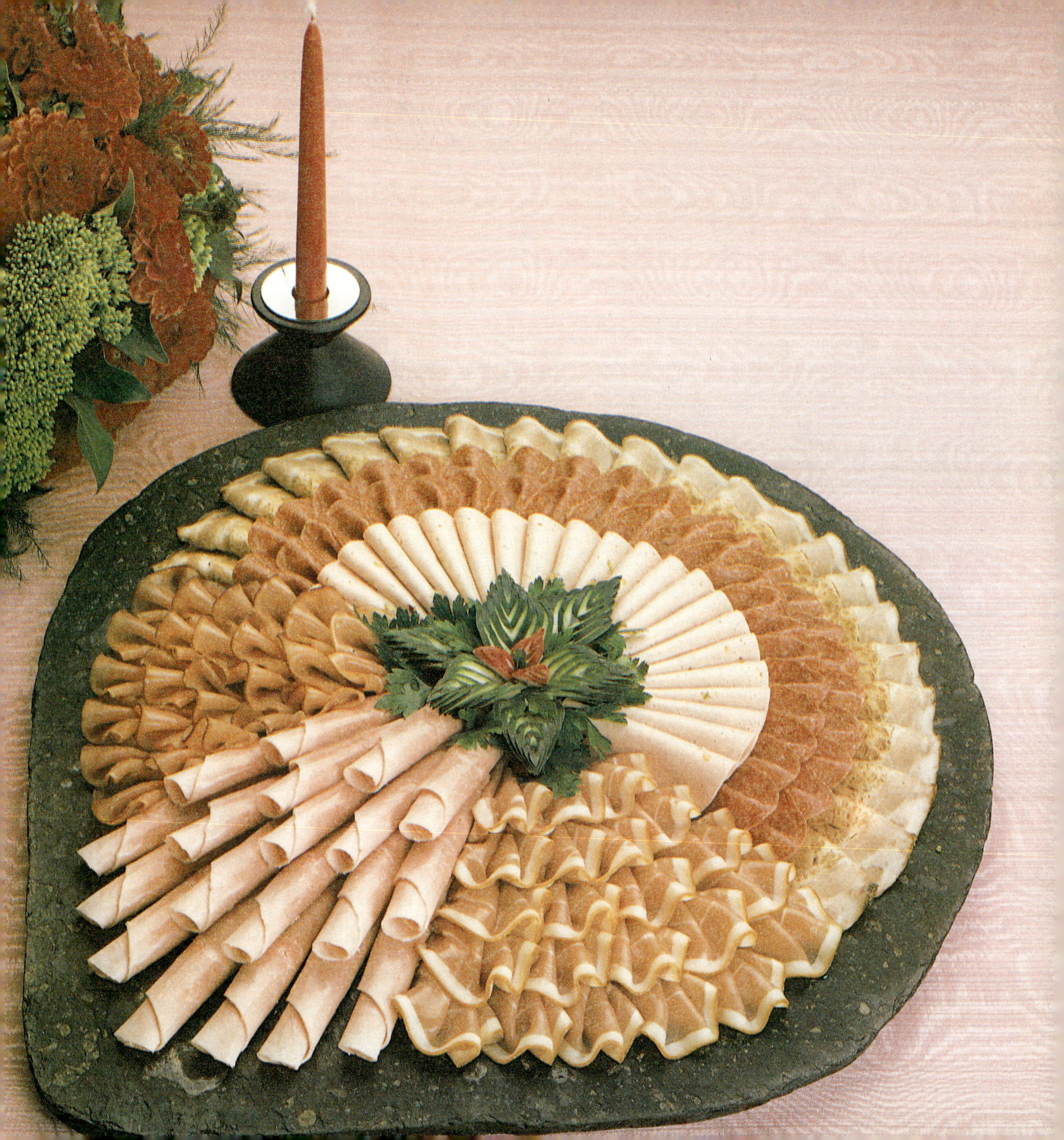

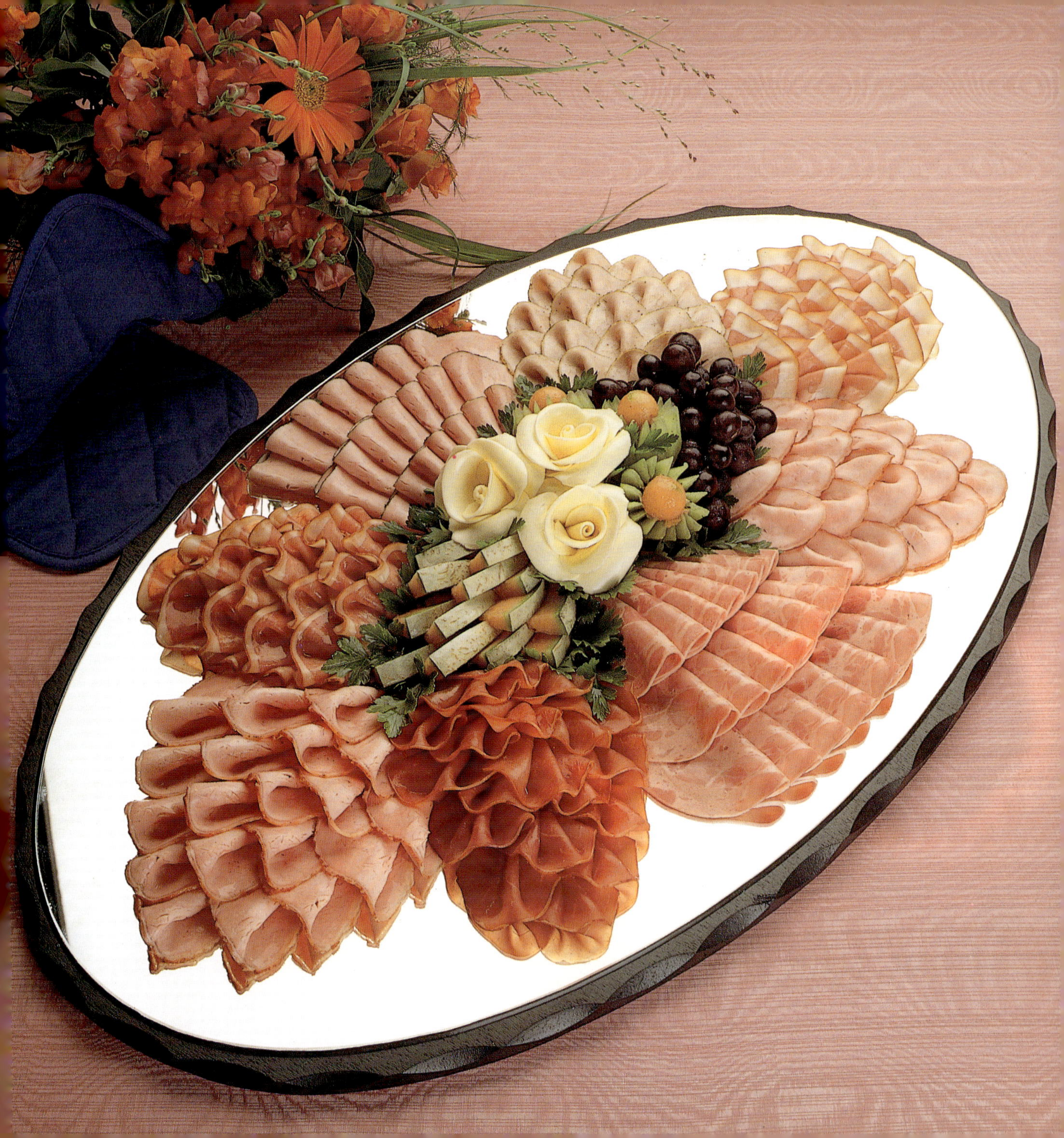

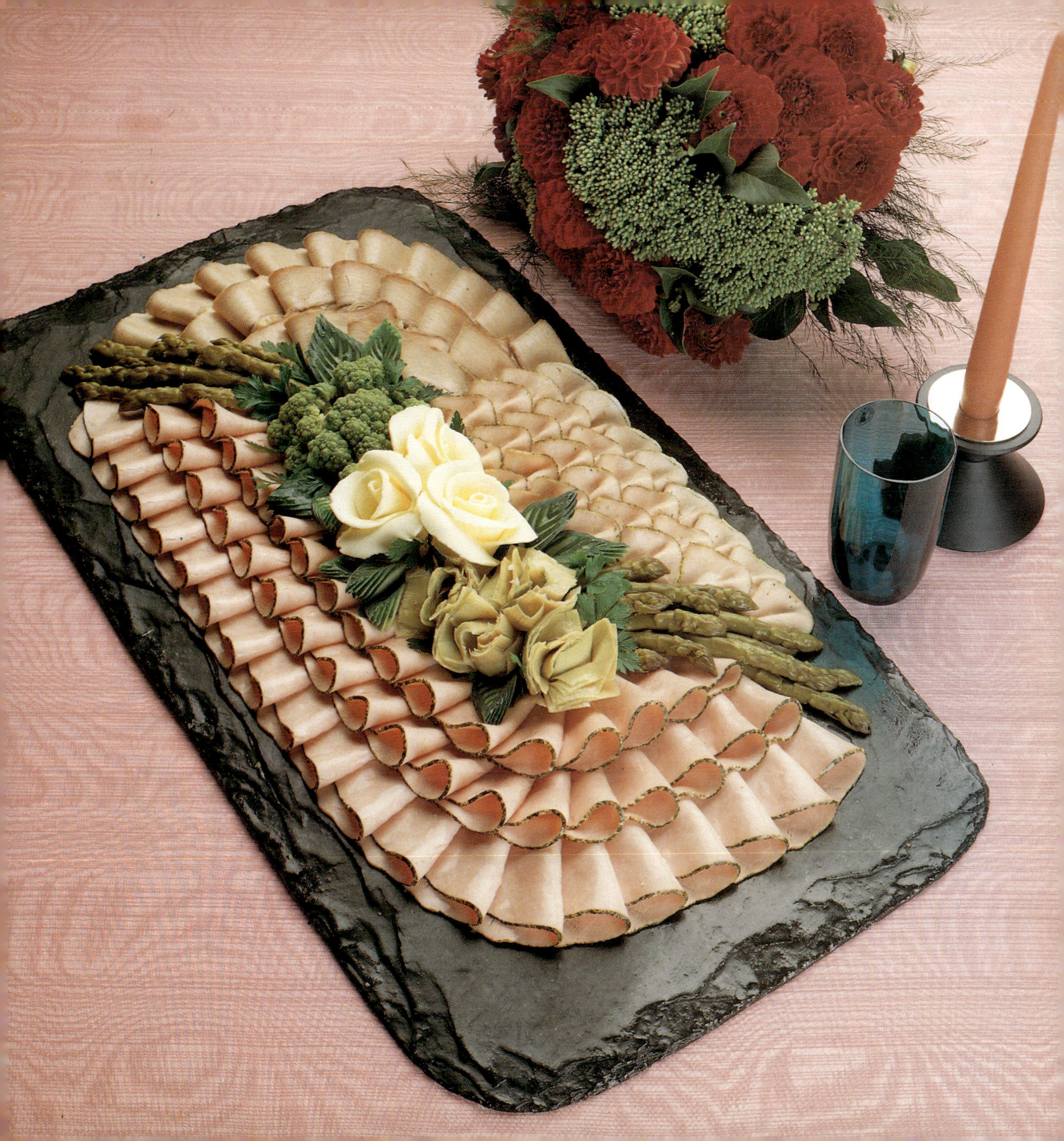

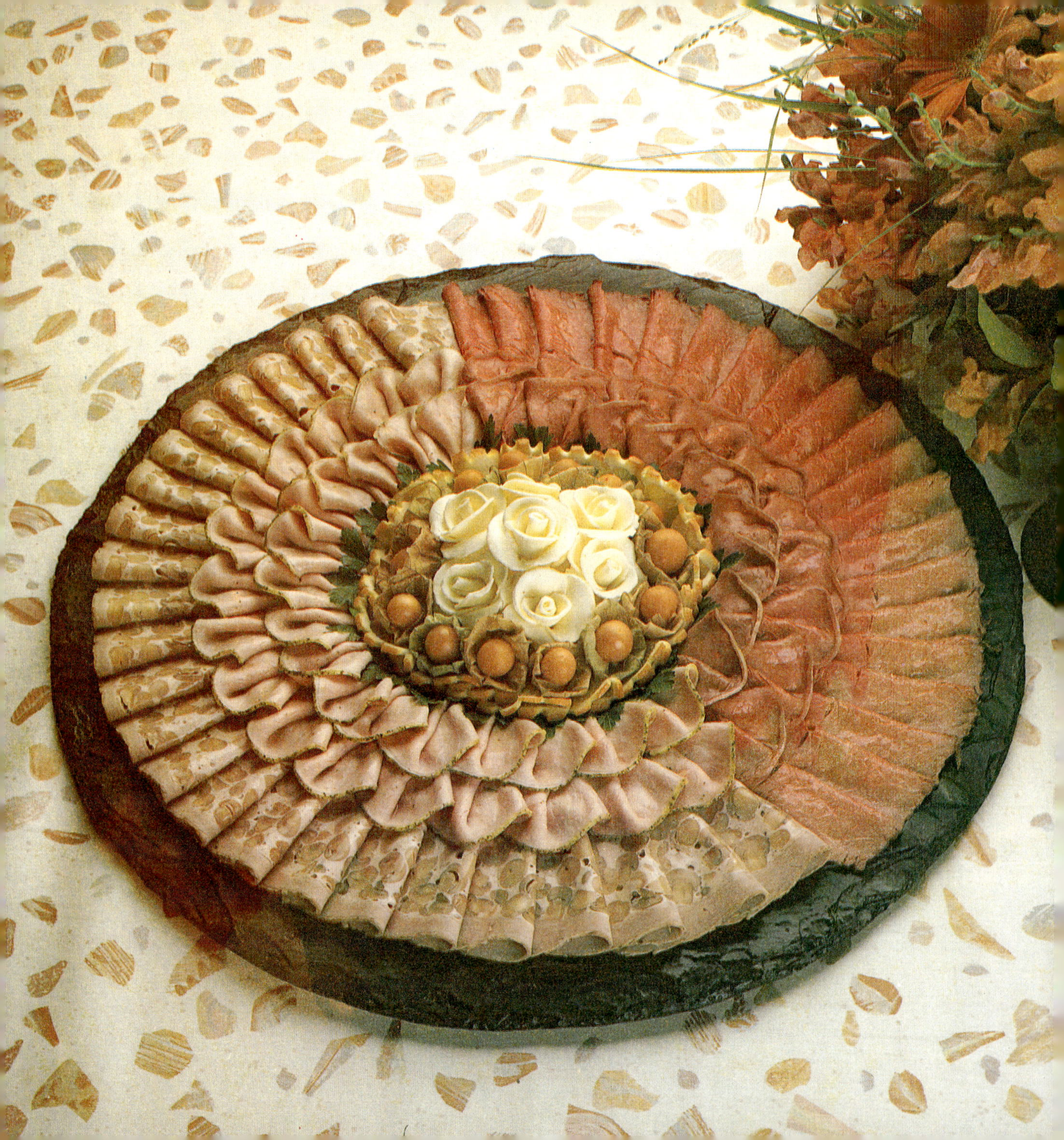

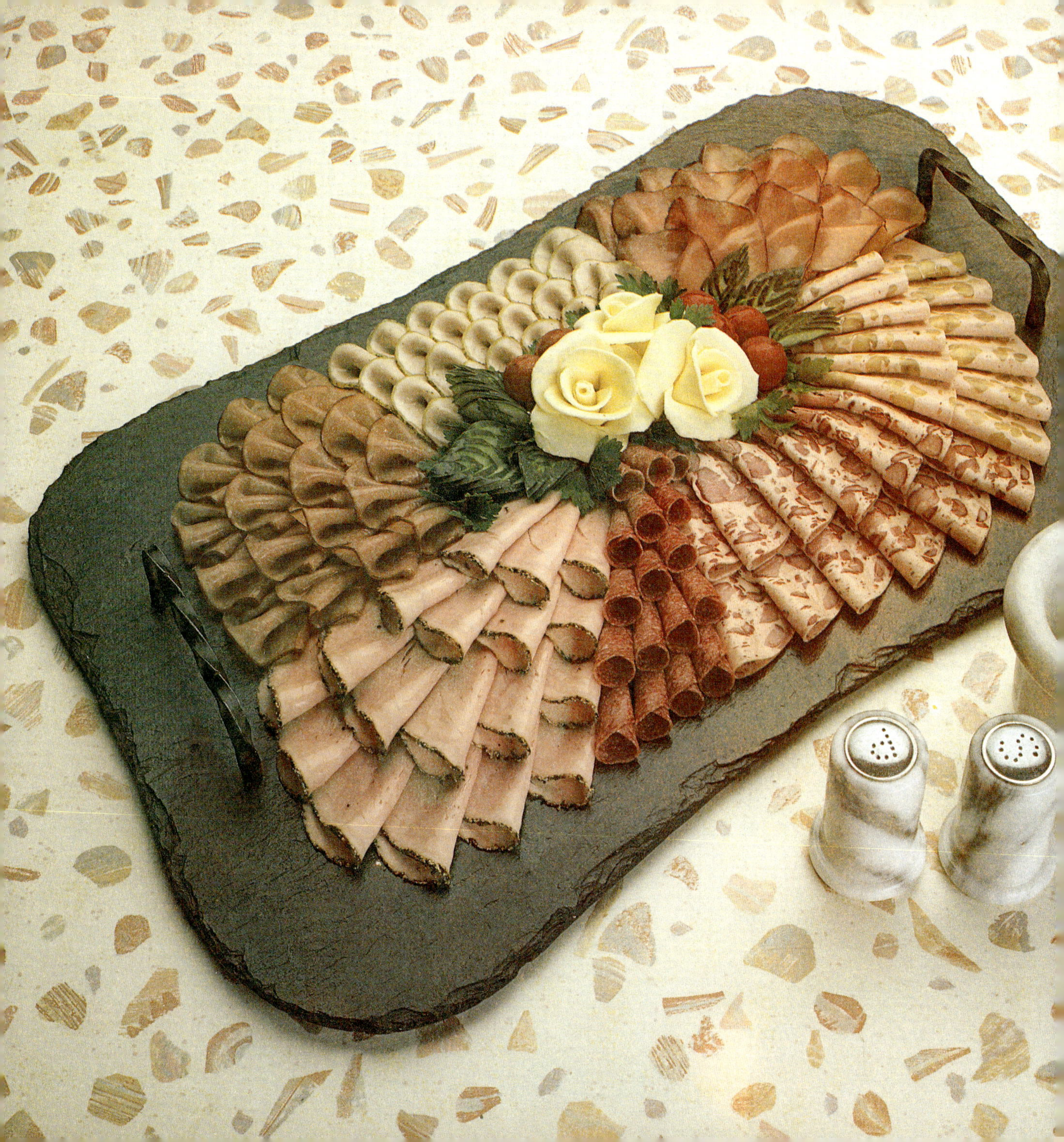

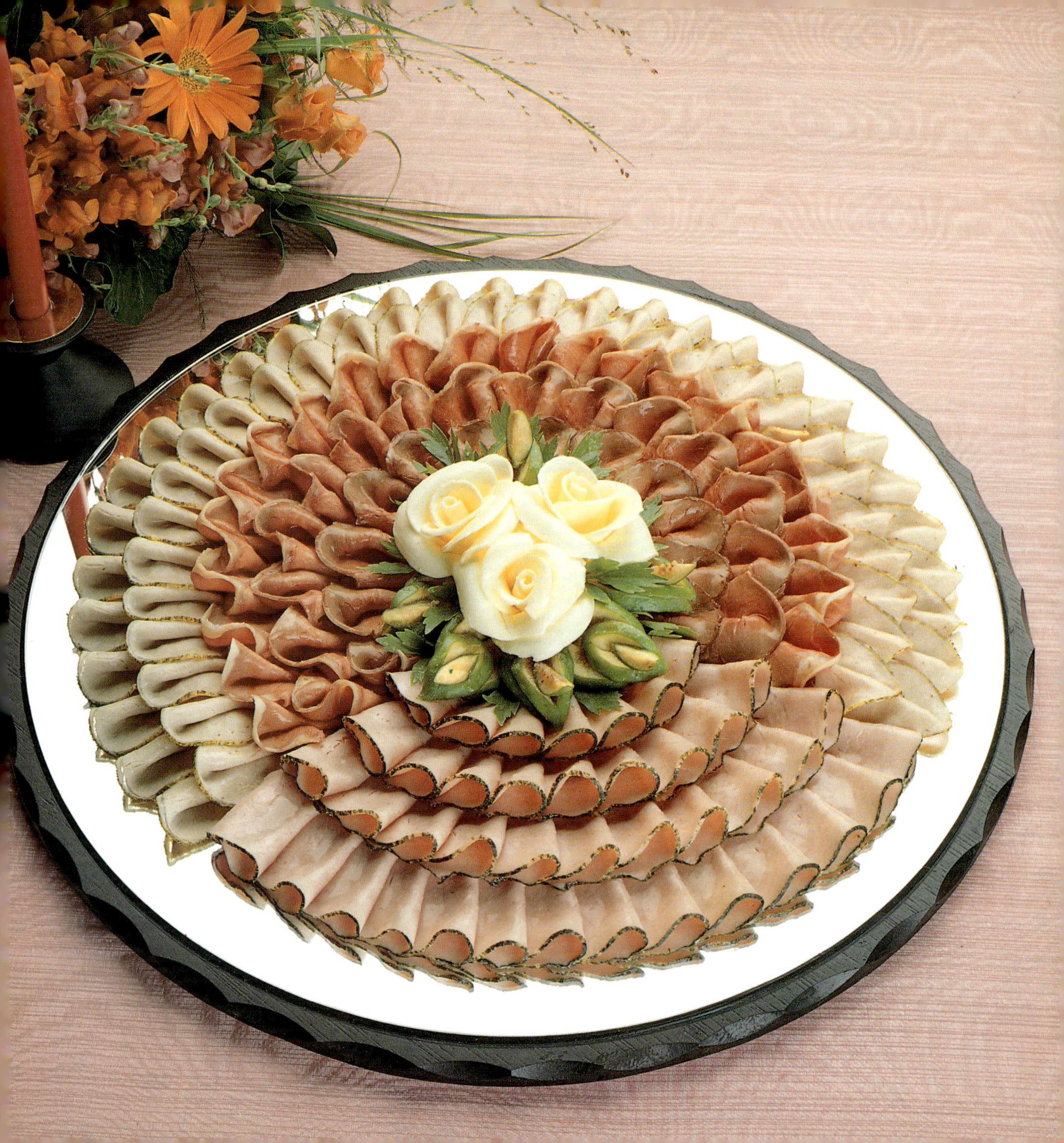

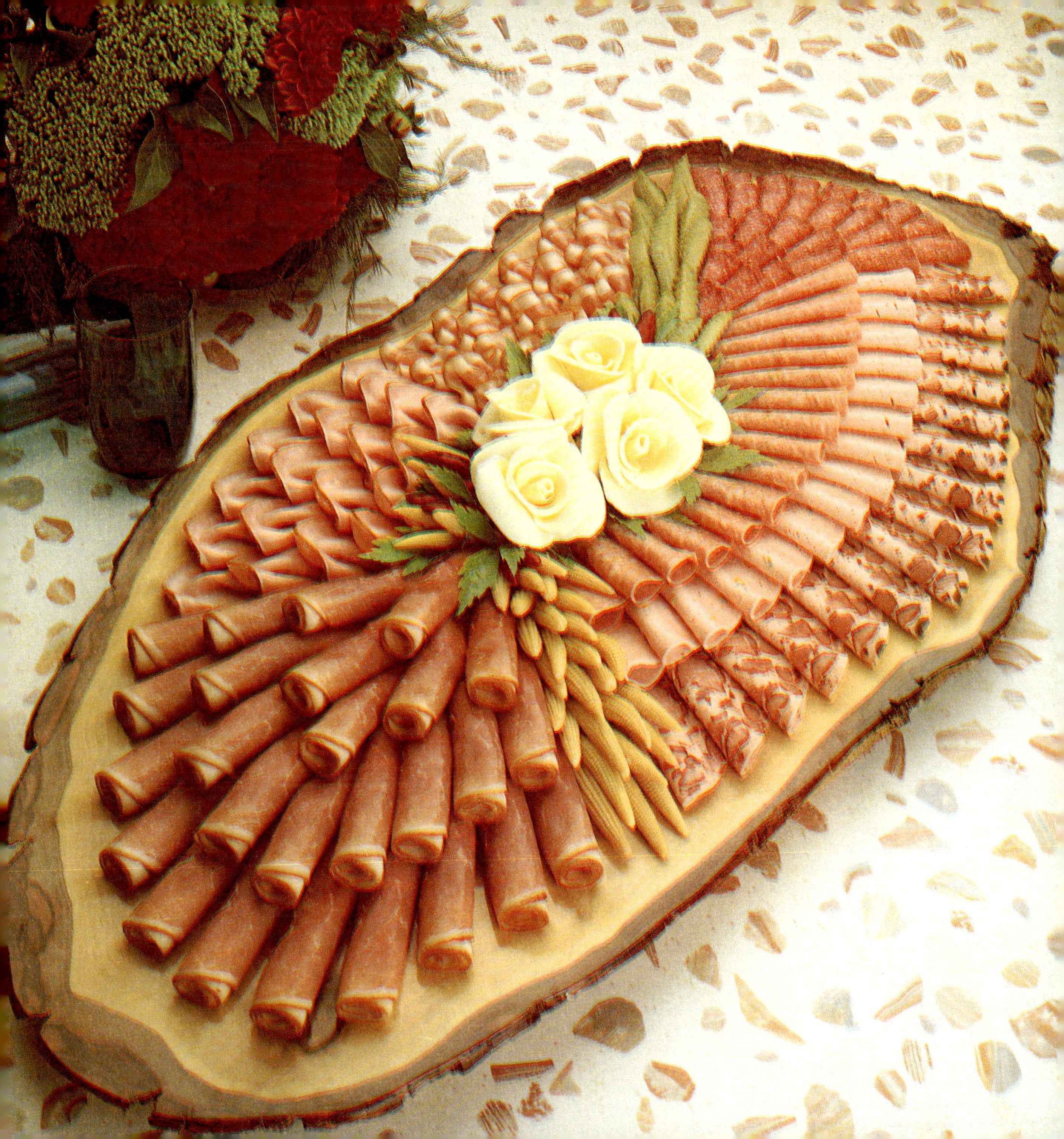

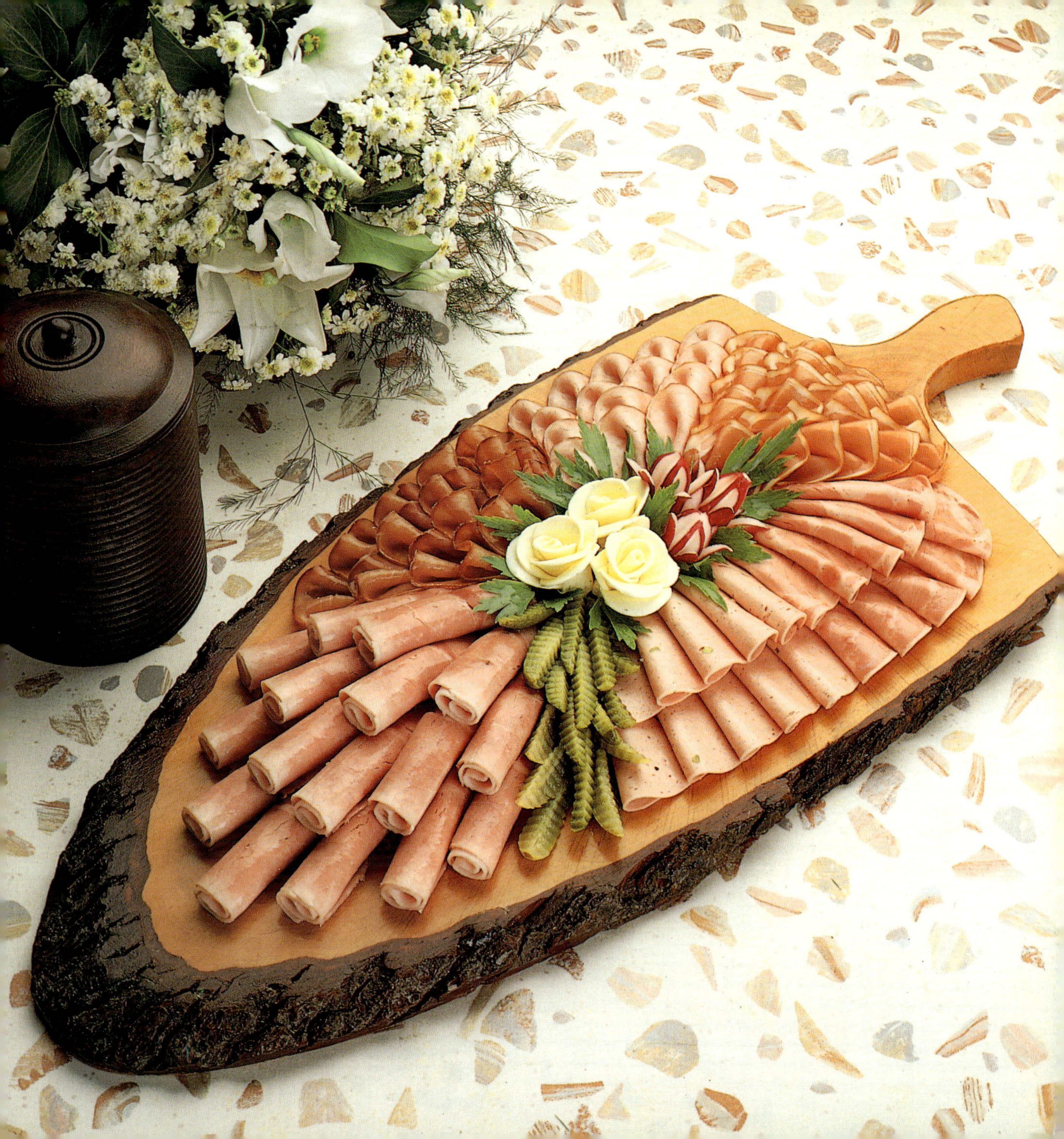

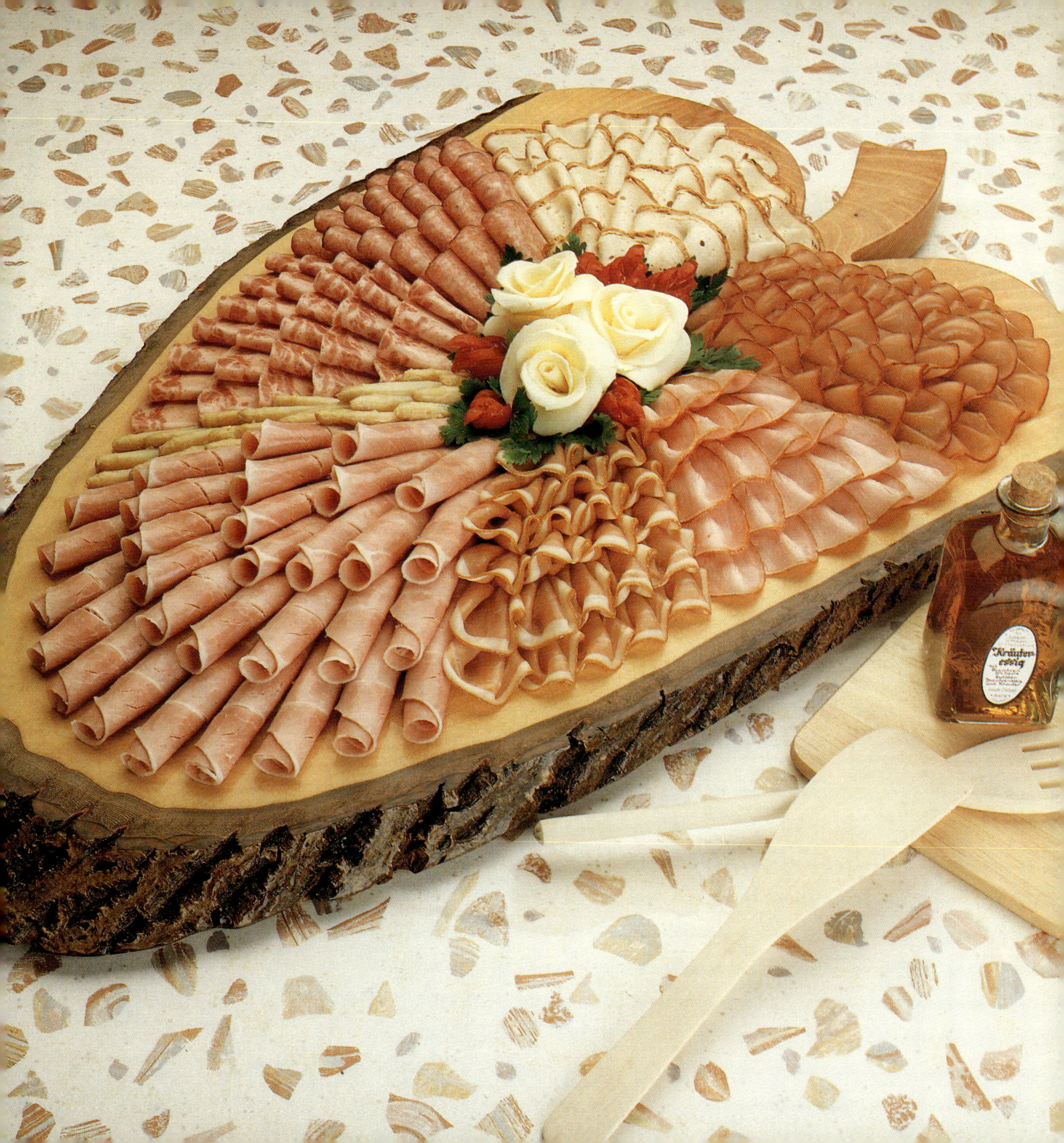
Kräuter-
essig

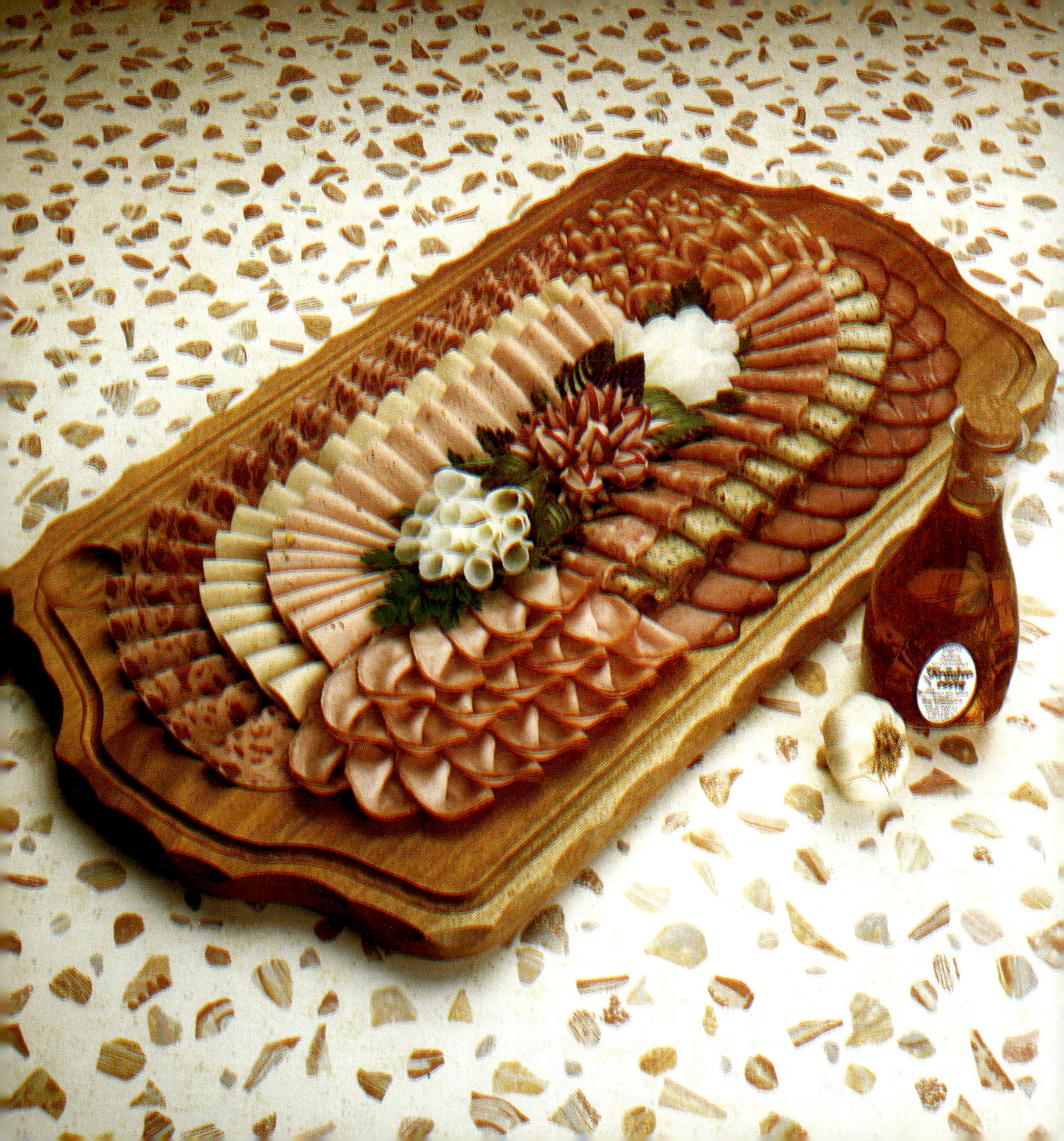

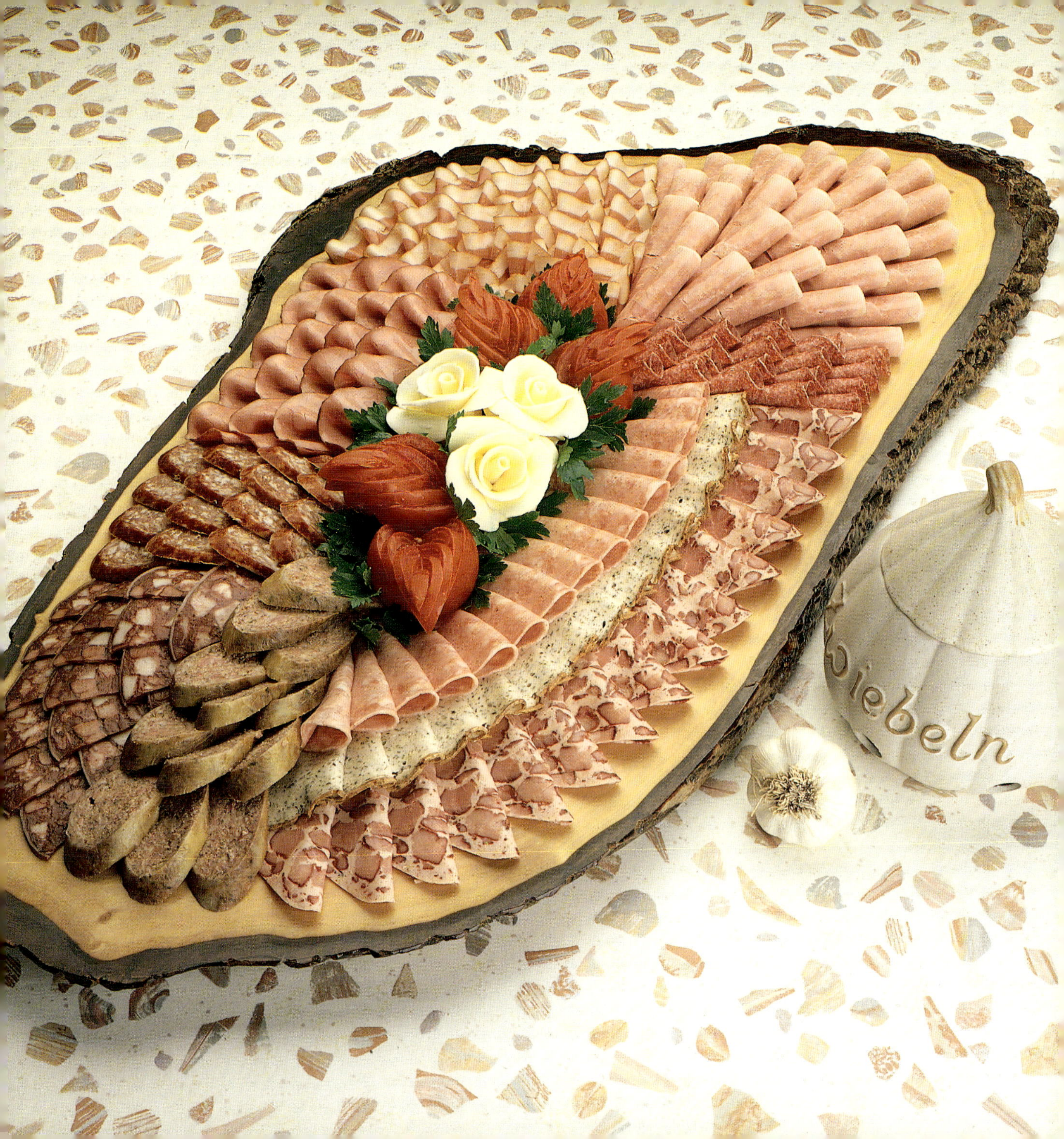
iebeln

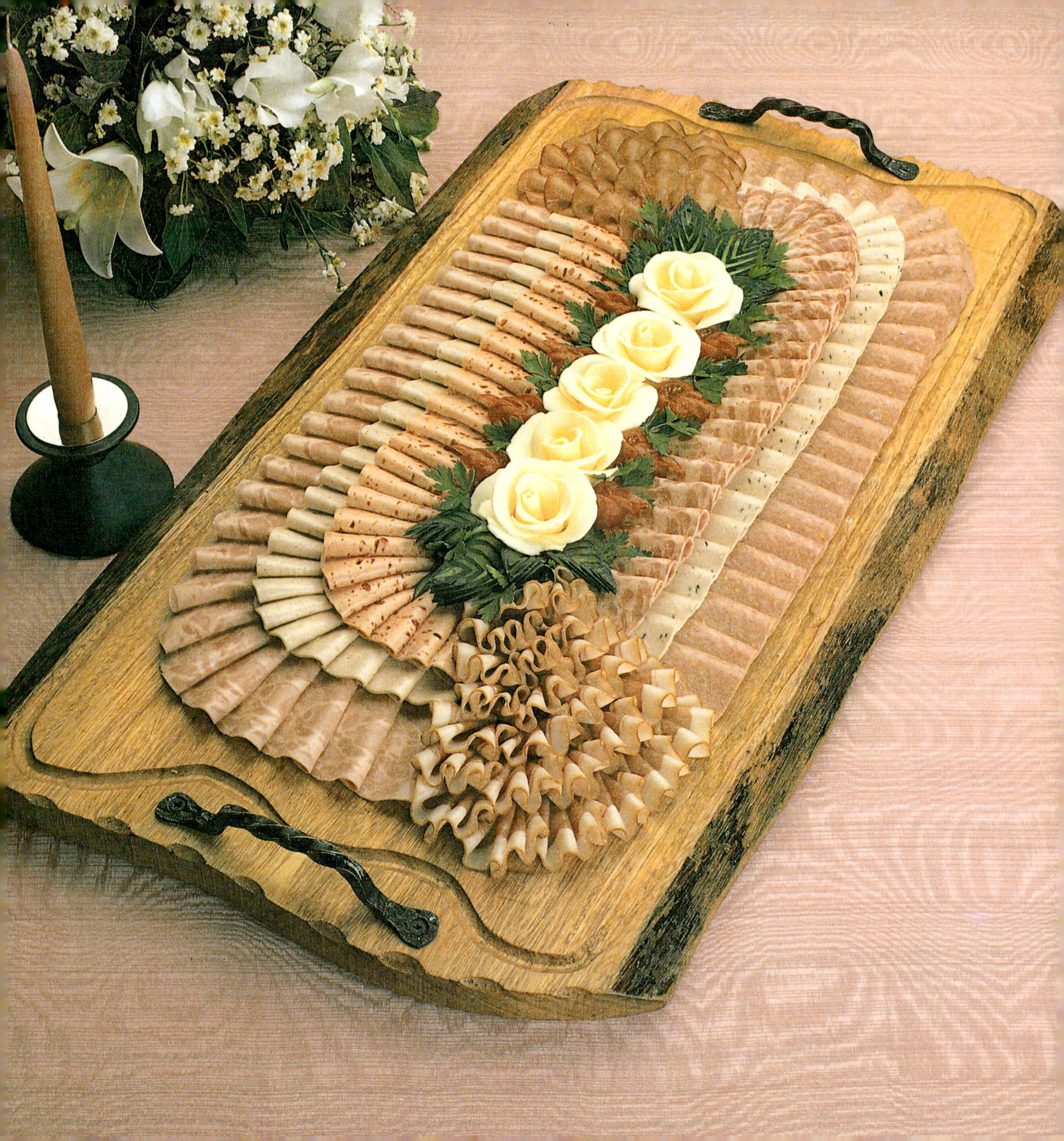

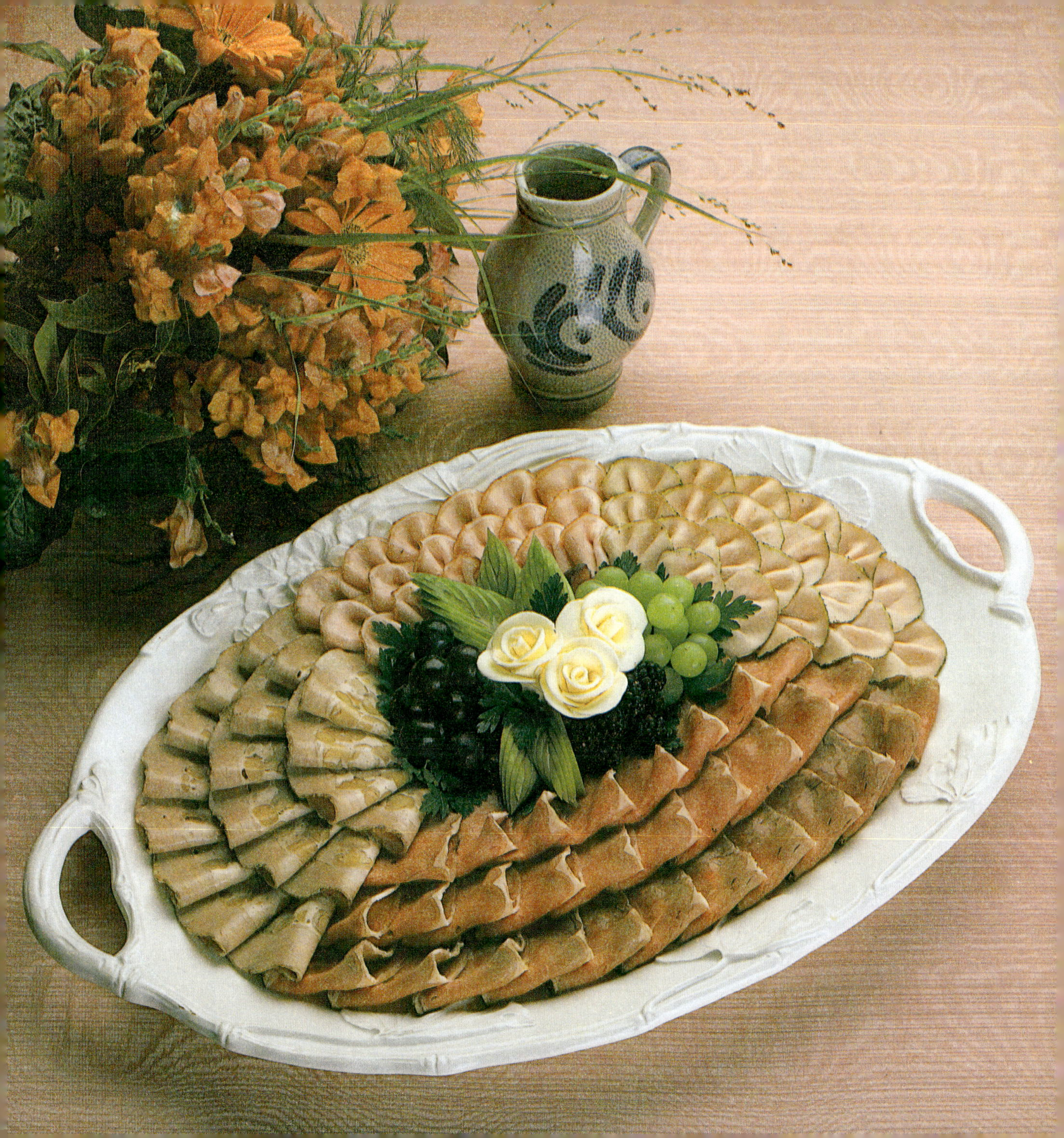

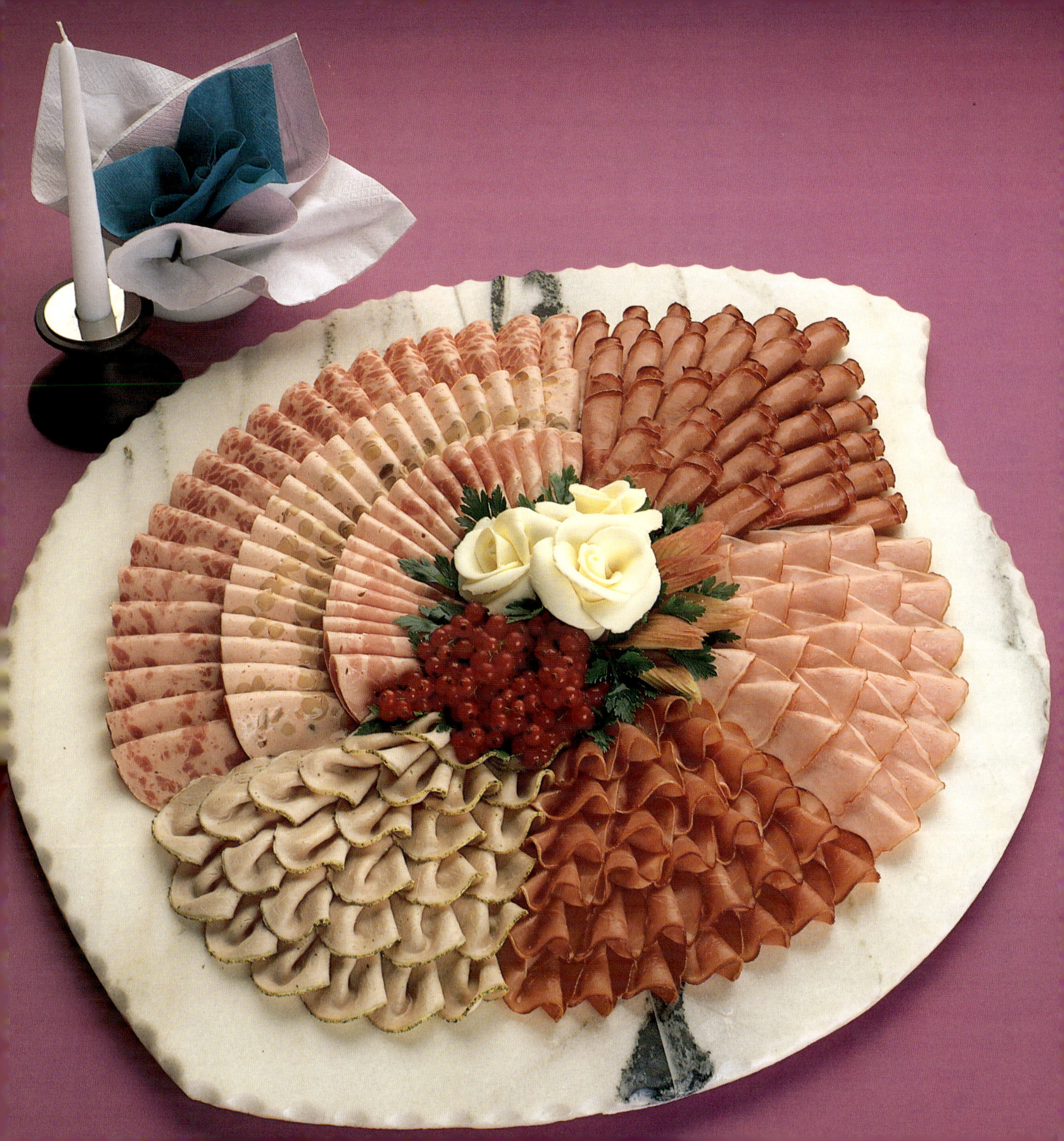

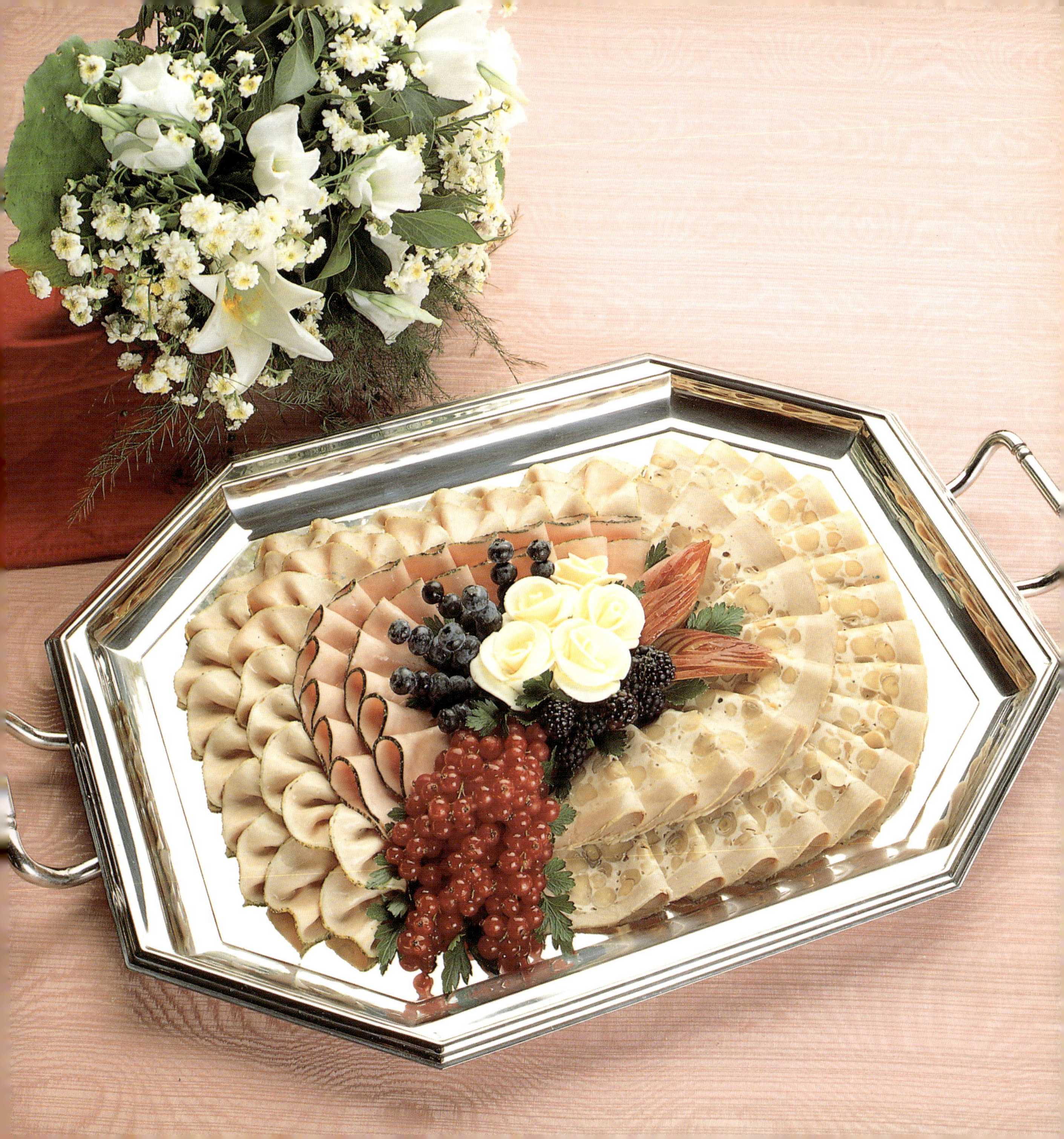

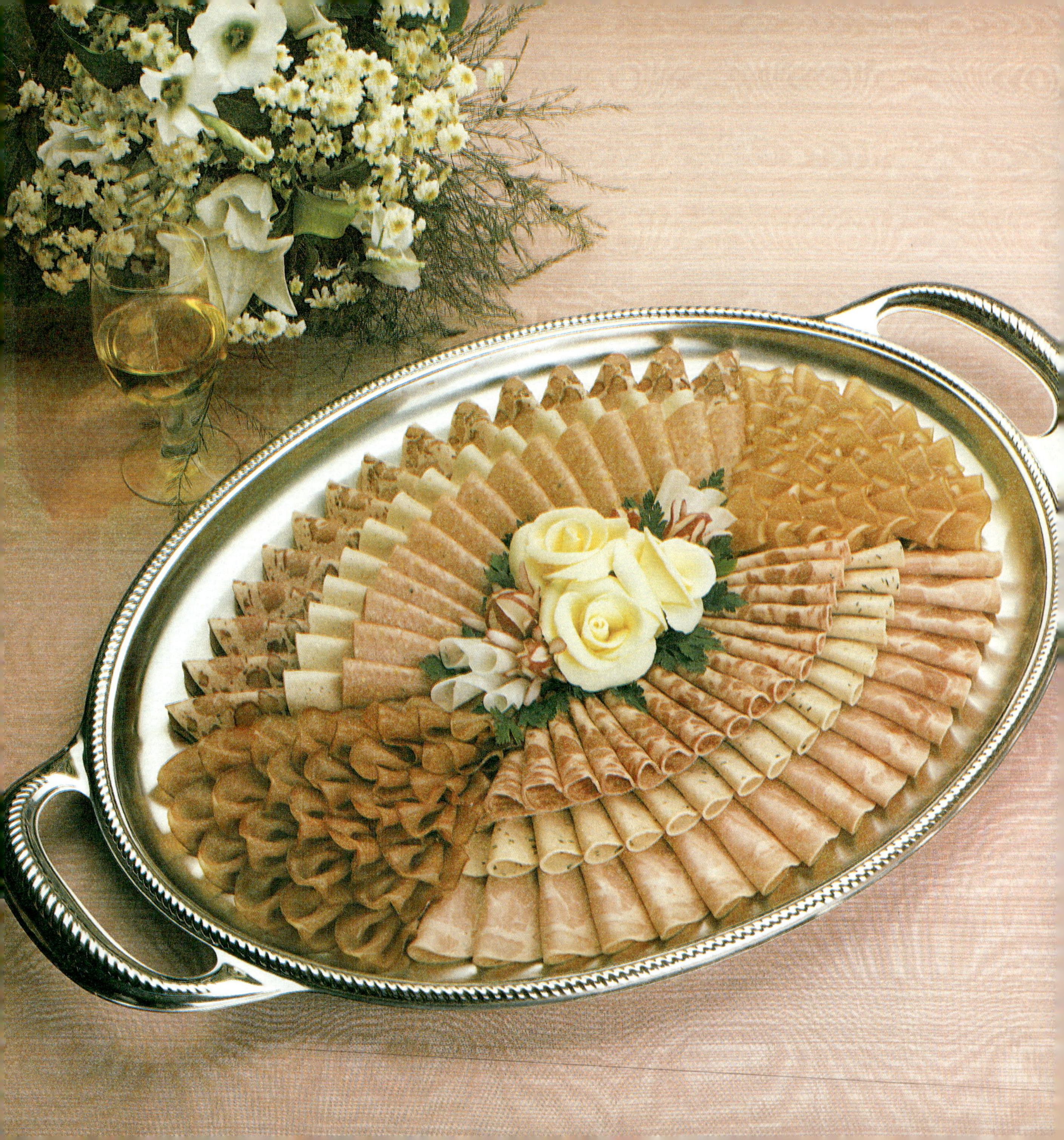

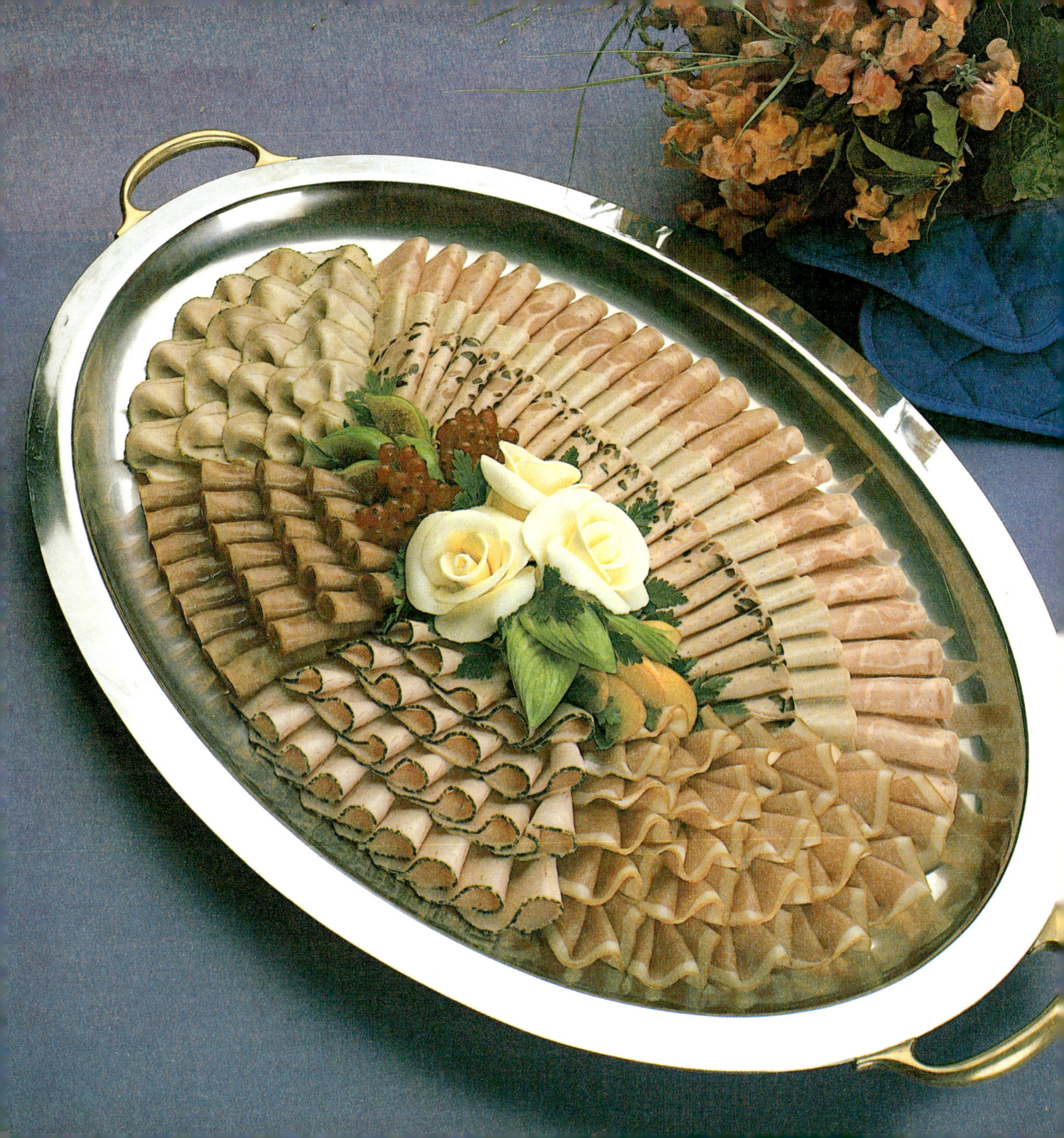

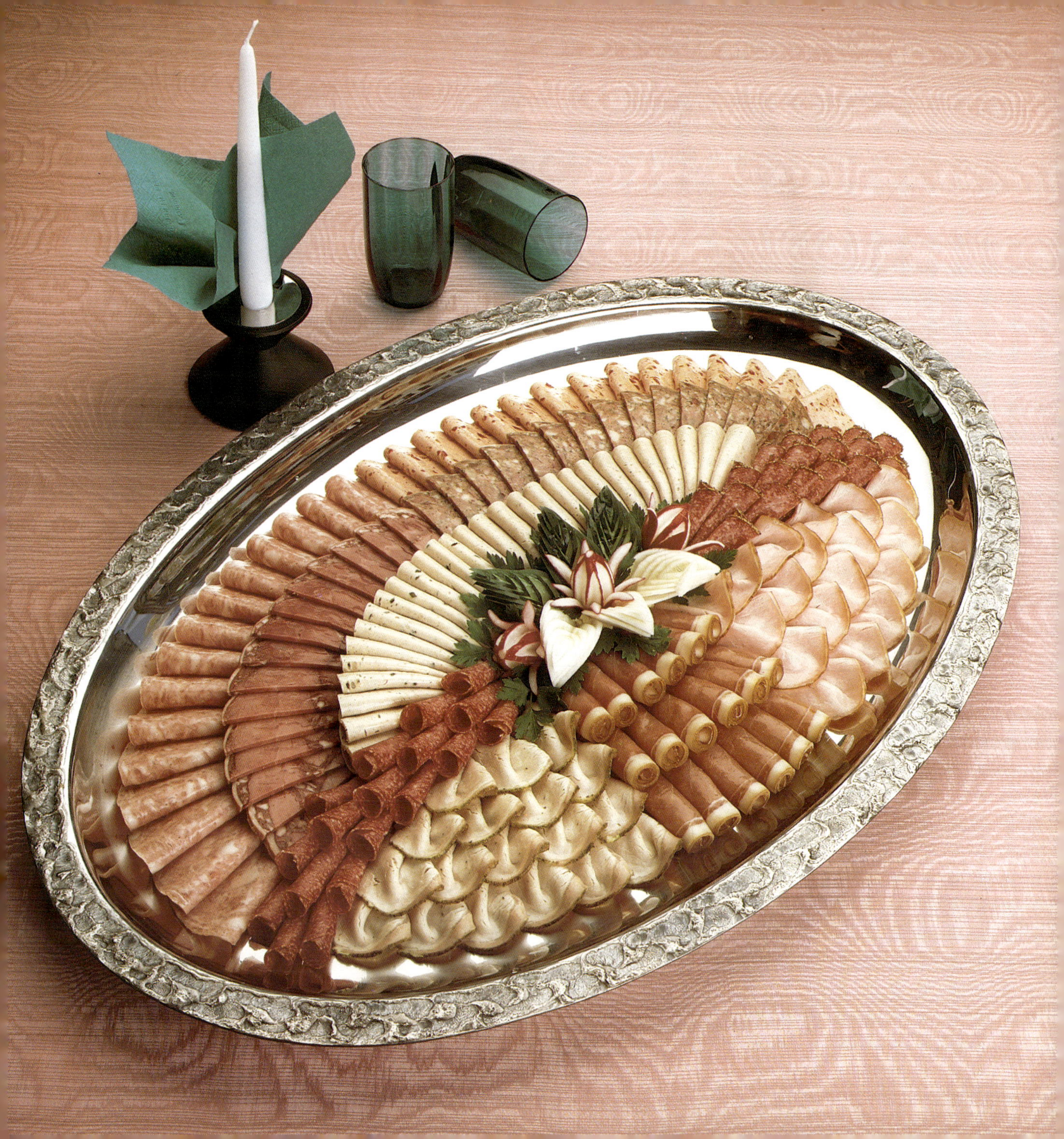

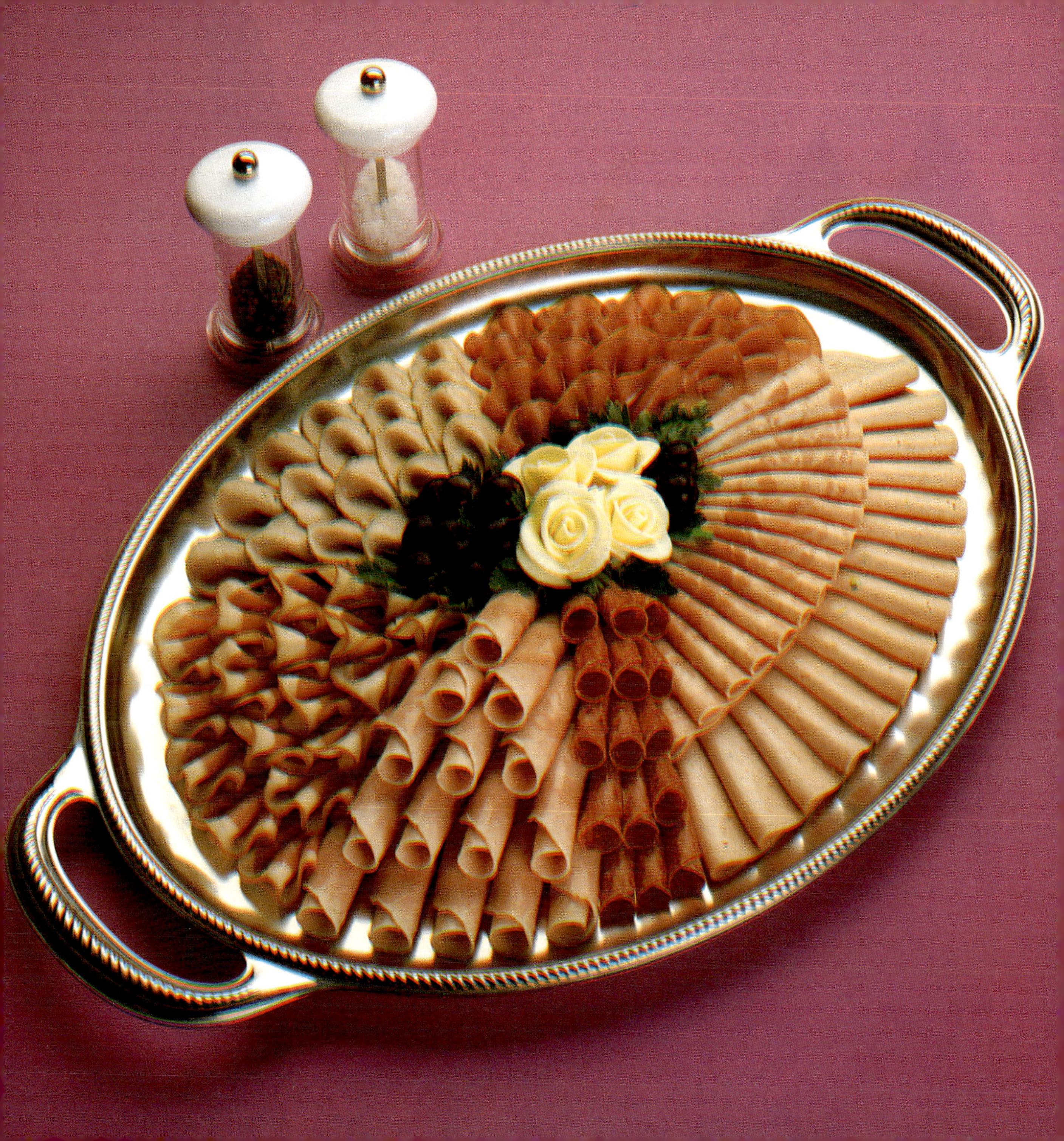

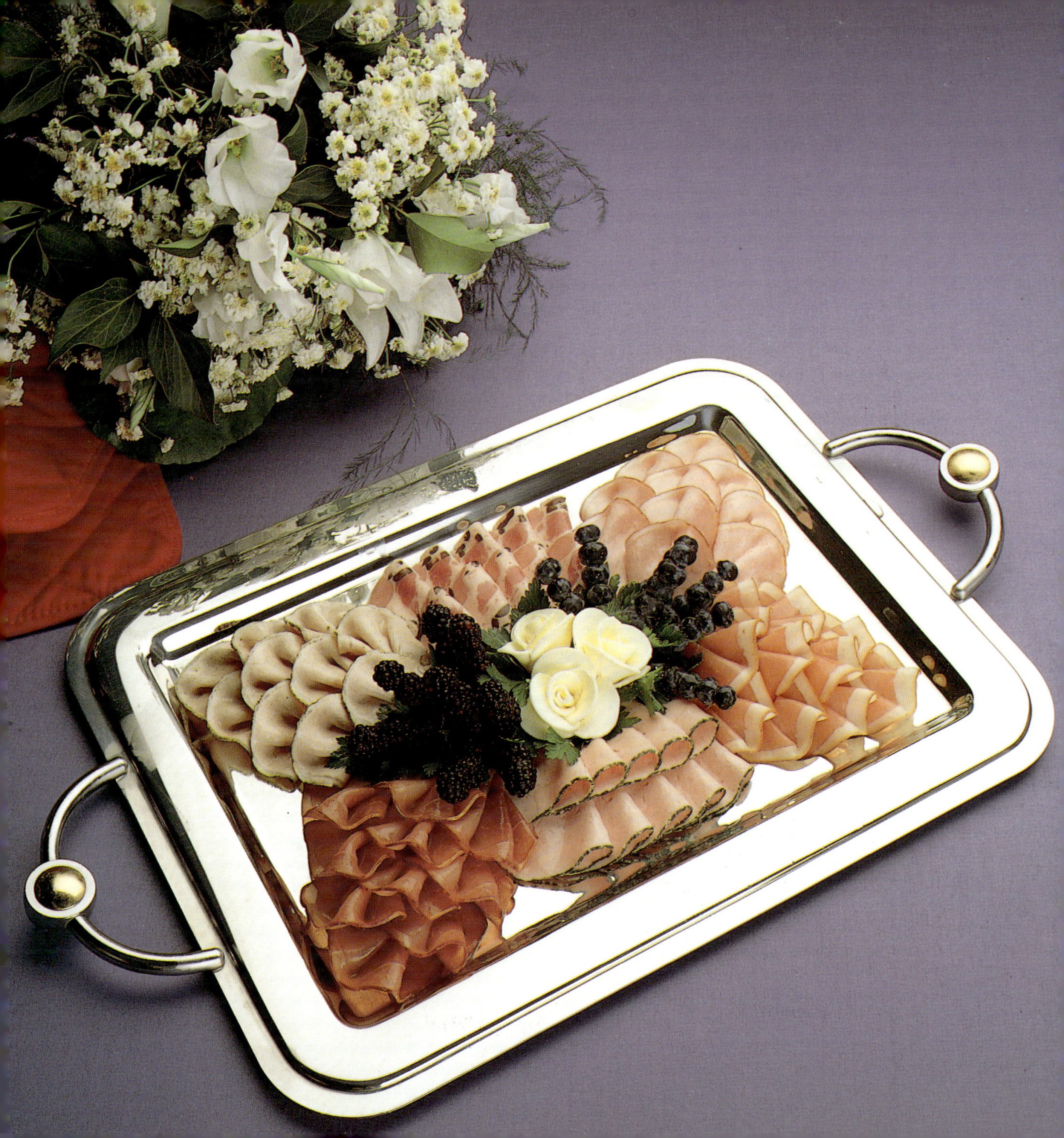

Bewertung der Wettbewerbsarbeiten

Die Bewertung der einzelnen Wettbewerbsarbeiten erfolgt nach folgenden Kriterien:
a) Gesamteindruck
b) Äußere Herrichtung und Dekoration
c) Beschaffenheit der Ware

Hierbei sind folgende Richtlinien zu beachten:
1. Beilagen und Zutaten müssen mit dem Hauptbestandteil des Ausstellungsstückes in Menge, Geschmack, Farbe und Zubereitung harmonieren.
2. Das Fleisch muß fachgerecht und gleichmäßig zugeschnitten sein.
3. Fleisch auf englische Art ist rosa zu braten, damit beim Überglänzen mit gewürztem Aspik kein Blut austreten kann. Austretende Fleisch-, Gemüse- oder Fruchtsäfte dürfen das Ausstellungsstück nicht unansehnlich machen.
4. Nicht exakt zugeschnittene Beilagen (Gemüse, Früchte) oder Garnituren bedingen Punktabzüge.
5. Der Haltbarkeit wegen sollten die Beilagen nicht weich gekocht, dafür aber dünn mit gewürztem Aspik überglänzt werden.
6. Bei Verwendung von Schlagsahne oder Cremes ist eine zusätzliche Bindung gestattet. Diese Produkte – wie auch Buttergarnituren – sollen naturbelassen sein und nicht eingefärbt werden. Mayonnaise-Garnituren sind zu vermeiden.
7. Sockel und anderes Nichteßbare sollen vermieden werden.
8. Eierspeisen (als Beilage) sind nur auf Glas, Porzellan oder Papiermanschetten anzurichten.
9. Die Ausstellungsstücke sind nicht zu überladen; Beilagen sind evtl. gesondert anzurichten.

10. Die Größe des Ausstellungsstückes muß der Ware für die entsprechende Personenzahl angemessen sein.
11. Werden Feinkostsalate oder Soßen beigegeben, dann sind die Schalen oder Saucieren nur zu 2/3 zu füllen.
12. Fleisch-Tranchen (Scheiben) sind nicht, wie sie beim Schnitt fallen, sondern mit der Schnittfläche zum Beschauer vor dem Reststück zu ordnen, um ein schnelles und für den Verbraucher einfacheres Abnehmen zu ermöglichen.
13. Falls zur Garnitur Früchte verwendet werden, sollen die Fleisch-Tranchen und -Stücke nur mit kleinen und dünnen Fruchtscheiben belegt werden.
14. Wurst, Aufschnitt oder Schinken, auch von bester Qualität, die auf Schieferplatten oder Holzbrettern präsentiert werden, werden den rustikalen Kategorien (rustikale Wurstplatte, rustikale Aufschnittplatte, rustikale Schinkenplatte) zugeordnet.
Das gilt auch, wenn einfache Wurstsorten auf Marmorplatten präsentiert werden.

Für jede Wettbewerbsarbeit werden bis zu 50 Punkte vergeben.
Zur Erreichung einer Goldmedaille sind 46–50 Punkte erforderlich, für eine Silbermedaille 41–45 Punkte und für eine Bronzemedaille 36–40 Punkte.

Internationaler Plattenwettbewerb des D F V
– Bewertungskriterien –

Fleischplatte – verkaufsorientiert	
Fleisch-Grillplatte	
Fleischschauplatte	
Rustikale Aufschnittplatte	
Rustikale Schinkenplatte	
Rustikale Wurstplatte	
Schinkenplatte	
Aufschnittplatte	
Bratenplatte	
Kanapees	
Schauplatte	

Start-Nr.

Erreichte Medaille

1.00	**Gesamteindruck**		Erreichbare Punkte	Punktabzug	Erreichte Punktzahl
1.01	Nicht verkaufs- und verbrauchergerecht	1 – 2 – 3			
1.02	Zu unruhiger Gesamteindruck	1 – 2 – 3			
1.03	Unpassende Zusammenstellung/Dekoration Platte	1 – 2 – 3	10		
1.04	Zu kleine, zu große Platte	1 – 2 – 3			
1.05	Sonstiges	1 – 2 – 3			

2.00	**Äußere Herrichtung**		Erreichbare Punkte	Punktabzug	Erreichte Punktzahl
2.01	Unharmonische Legetechnik	1 – 2 – 3	20		
2.02	Unexakte Linienführung	1 – 2 – 3			
2.03	Ungenügend ausgelegt	1 – 2 – 3			
2.04	Über den Rand gelegt	1 – 2 – 3			
2.05	Scheiben schlecht abnehmbar	1 – 2 – 3			
2.06	Zu überladen	1 – 2 – 3			
2.07	Zu wenig Ware	1 – 2 – 3			
2.08	Plattenrand unsauber	1 – 2 – 3			
2.09	Aspik trüb, weich, zu viel	1 – 2 – 3			
2.10	Sonstiges	1 – 2 – 3			

3.00	**Dekoration**		Erreichbare Punkte	Punktabzug	Erreichte Punktzahl
3.01	Übergarniert	1 – 2 – 3	10		
3.02	Zu wenig Garnierung	1 – 2 – 3			
3.03	Dekoration unpassend	1 – 2 – 3			
3.04	Dekoration nicht exakt	1 – 2 – 3			
3.05	Sonstiges	1 – 2 – 3			

4.00	**Beschaffenheit der Ware**		Erreichbare Punkte	Punktabzug	Erreichte Punktzahl
4.01	Zuschnitt	1 – 2 – 3	10		
4.02	Farbe	1 – 2 – 3			
4.03	Materialfehler	1 – 2 – 3			
4.04	Materialauswahl	1 – 2 – 3			
4.05	Sonstiges	1 – 2 – 3			

_____   _____
Datum   Unterschrift

1. Preis = Goldmedaille (46 bis 50 Pkt)
2. Preis = Silbermedaille (41 bis 45 Pkt)
3. Preis = Bronzemedaille (36 bis 40 Pkt)